Menschen einschätzen und überzeugen

Tiziana Bruno
Gregor Adamczyk
Martina Gessner

Inhalt

Teil 1: Körpersprache

Teil 2: Menschenkenntnis

Teil 1: Körpersprache

Vorwort

Körpersprache, ach ja, lächeln und darauf achten, wie man dasteht und solche Dinge – das ist ein gängiges Vorurteil. Doch dann kriegt man den Job nicht, obwohl man die besten Qualifikationen hat, der neue Chef ist einem einfach unsympathisch und man weiß nicht, wieso, und beim Mitarbeitergespräch hat man das Gefühl, gegen eine Wand zu reden ...

Körpersprache ist eines der letzten Geheimnisse unserer sachorientierten Berufswelt. Denn kein Mensch kann losgelöst von seinem Körper agieren. Der Körper drückt aus, was wir sind und bildet unser Verhältnis zur Welt ab. Deshalb benutzen wir Körpersprache Tag für Tag ganz selbstverständlich und unterschätzen oft ihre Wirkung. Die Körpersprache eines Menschen verrät uns mehr über seine innere Haltung als die gesprochene Sprache. Wenn Sie die Körpersignale des Gegenübers wahrnehmen und deuten, können Sie sich selbst und die anderen besser verstehen, entsprechend reagieren und Begegnungen positiv gestalten.

In diesem TaschenGuide lernen Sie die körpersprachlichen Signale wahrzunehmen, zu deuten und sie gezielt in beruflichen Situationen einzusetzen. Sie erfahren, was Körpersprache ausmacht und was Sie für Ihren Auftritt im Berufsleben wissen sollten, damit Sie authentisch und überzeugend wirken.

Tiziana Bruno und Gregor Adamczyk

Was ist Körpersprache?

Körpersprache hat mehr Macht über uns als wir glauben, meistens unterschätzen wir ihre Wirkung. Warum? Weil wir sie unbewusst wahrnehmen und einsetzen. Ähnlich wie unsere gesprochene Sprache kann man Körpersprache aber lernen, sie bewusst wahrnehmen und verstehen.

In diesem Kapitel lesen Sie,

- warum Körpersprache so stark auf uns alle wirkt,
- was Sie beachten sollten, wenn Sie Körpersprache deuten wollen, und
- was Körpersprache mit Manipulation zu tun hat.

Die unverfälschte Sprache

Beispiel: Wenn die Botschaft nicht ankommt

 Herr Kern, seit vielen Jahren Führungskraft auf der obersten Ebene, hält eine Rede vor seinen Mitarbeitern. Es geht um ein äußerst wichtiges Projekt: neue Organisationsstrukturen sollen eingeführt und Hierarchieebenen zusammengelegt werden. Der Inhalt seiner Rede klingt logisch und seine Folienpräsentation ist nach allen Regeln der Kunst aufgebaut.

Während der Rede verschränkt er die Arme, zieht immer wieder seine Schultern hoch und rührt sich nicht vom Fleck. Seine Stimme klingt monoton und sein Blick ist starr. Die Mitarbeiter folgen seinen Ausführungen, doch sie fühlen sich nicht angesprochen. Sie lehnen sich mit verschränkten Armen zurück, senken kritisch den Kopf und runzeln die Stirn.

Während der Präsentation und noch einige Tage später beschleicht Herrn Kern das Gefühl, dass die Botschaft seine Mitarbeiter nicht erreicht hat. Als die Implementierung der neuen Strukturen dann nur sehr schleppend vorangeht, ist Herr Kern besorgt um den Erfolg des Projekts und fragt sich: „Was habe ich falsch gemacht? Habe ich etwas übersehen?"

Der Einfluss der Körpersprache

Herr Kern hat die Macht der Körpersprache unterschätzt: Obwohl ihm der Inhalt seiner Rede sehr wichtig war und er die Rede inhaltlich gut vorbereitet hatte, sendete sein Körper völlig andere Signale. Seine Körperhaltung drückte Verschlossenheit aus, seine Gesten waren sparsam und sie stimmten nicht mit der Idee der Veränderung überein – sie strahlten weder Risikobereitschaft noch Begeisterung aus. Herr Kern wirkte steif und ohne Energie. Die Mitarbeiter begannen sich unwohl zu fühlen. Sie bekamen den Eindruck, Herr Kern würde selbst nicht hinter den Veränderungen stehen. Hätte Herr Kern die Körpersprache seiner Mitarbeiter zu deuten gewusst, hätte er darauf reagieren können.

> Körpersprache erzählt uns oft mehr über Emotionen und die innere Haltung eines Menschen als die gesprochene Sprache.

Körpersprache ist unsere erste und unverfälschte Sprache. Sobald wir gelernt haben mit Worten umzugehen, messen wir der Körpersprache *bewusst* keine große Bedeutung mehr bei. Doch unsere erste Sprache ist viel mächtiger als wir es annehmen. Sie lässt sich nicht verdrängen und wirkt auf den ungeübten Beobachter stärker als Worte. Dem geübten Beobachter kann sie viel über uns verraten.

Der Psychologe Albert Mehrabian fand in einer wissenschaftlichen Untersuchung heraus, von welchen Faktoren die Wirkung einer gesprochenen Botschaft abhängt. Es sind drei: der Inhalt des Gesagten mit 7 %, Körpersprache mit 55 %, Stimme und Sprechtechnik mit 38 %. Dieses erstaunliche Ergebnis zeigt, wie einflussreich körpersprachliche Äußerungen sind, wenn sich Menschen begegnen.

Die Macht des ersten Eindrucks

Stellen Sie sich vor, eine Ihnen nicht persönlich bekannte Person betritt den Raum. Sie begrüßen sich, sprechen ein paar Sätze und setzen sich. Es sind erst einige Sekunden vergangen, seitdem Sie sich begegnet sind, doch es waren sehr wichtige Sekunden.

- Wie ist die Person in den Raum getreten? Selbstbewusst oder eher zögerlich?

- Hat sie gelächelt oder waren die Stirnrunzeln vom letzten Telefonat noch da?

- Welche Wirkung hatte sie auf Sie?

Dies und noch mehr nehmen wir in den ersten Sekunden einer Begegnung unbewusst wahr. Wir registrieren intuitiv Aussehen, Kleidung, Mimik, Körperhaltung oder den Klang der Stimme des anderen. Vor vielen Jahrtausenden war dieser erste Eindruck äußerst wichtig, denn die Menschen mussten in diesem Moment sofort einschätzen, ob sie dem Fremden vertrauen können. Seither hat sich im Grunde nicht viel verändert. Die Kommunikationstechnologie hat zwar einen rasanten Fortschritt erlebt – wir müssen uns nicht mehr persönlich kennen lernen, um Informationen auszutauschen – aber wenn wir uns direkt gegenübertreten, kann der erste Eindruck – nicht nur der ersten Sekunden, sondern der ersten Begegnung – eine wichtige, manchmal verhängnisvolle Rolle spielen.

Beispiel: Der erste Eindruck überzeugt nicht

 Herr Weinberger ist ein kompetenter Versicherungsfachvertreter und besucht einen neuen Kunden, Herrn Baumann. Herr Weinberger hat in letzter Zeit viel gearbeitet, er wirkt erschöpft und gereizt. Im Gespräch mit dem Kunden hört er nicht richtig zu, rückt nervös auf dem Stuhl hin und her, und wenn er spricht, macht er ausladende und hektische Gesten. Nach dem Gespräch verabschiedet er sich hastig. Obwohl Herr Baumann alle Informationen bekommt, die er benötigt, fühlt er sich während des Gesprächs sichtlich unwohl, er weiß aber nicht, wieso. Er weiß jedoch, dass er bei Herrn Weinberger keine Versicherung abschließen wird.

Auf den ersten Eindruck kommt es im Berufsalltag häufig an: beim Vorstellungsgespräch, beim ersten Kundenkontakt oder beim Neubeginn in einem Unternehmen oder einem Team. Die körpersprachlichen Signale des anderen geben uns bei diesen ersten Treffen Orientierung. Wer diese Signale einerseits wahrnimmt und richtig interpretiert und andererseits sein Bewusstsein für die eigenen Signale schärft, der ist der Macht des ersten Eindrucks nicht mehr ausgeliefert, sondern kann ihn bewusst gestalten. Die ersten Sekunden sind hierbei besonders wichtig – denn ob jemand zögerlich eintritt, dabei lächelt oder die Stirne runzelt, stellt oft die Weichen für die gesamte restliche Begegnung.

> Bei der ersten Begegnung besitzen Sie über Ihr Gegenüber nur wenige Informationen und Sie haben noch keine Beziehung aufgebaut. Körpersprache ist Ihre erste Orientierungshilfe.

Was heißt, Körpersprache verstehen?

Körpersprache ist ein unterschätzter Teil der Kommunikation. Wer seine Wahrnehmung für die Körpersprache der anderen schärft, wird bald feststellen, dass der Körperausdruck sehr viel über die Innenwelt des andern aussagen kann: Körpersprache lässt das Unsichtbare und Ungesagte, nämlich Gedanken, Motive und Haltungen sichtbar werden.

Den ganzen Menschen sehen

Doch sollten Sie nicht der Verführung eines Zauberlehrlings erliegen, der meint, die Formel für Menschenkenntnis zu besitzen. Machen Sie sich vielmehr bewusst, dass jeder Mensch einzigartig in seinen Bewegungen ist und das Zusammenspiel der physischen und psychischen Ausdrucksformen komplex ist. Beim Verstehen der Körpersprache kann es deshalb nicht darum gehen, von einem einzigen körpersprachlichen Signal auf den ganzen Menschen zu schließen.

Die körpersprachlichen Ausdrucksformen sind komplex, eine Geste oder ein Blick lässt sich nur dann verstehen, wenn man sie zu anderen Signalen, die man beobachtet, in Beziehung setzt: Viele Gesten, unterschiedliche Körperhaltungen und die Dynamik der Bewegungen ergeben ein Ganzes. Deshalb heißt es ja Körper*sprache*. Wie unsere gesprochene Sprache setzt sich nämlich auch diese im übertragenen Sinn zusammen aus Worten, Sätzen, Pausen und vielem mehr.

Wir möchten Ihnen dies an einem Beispiel veranschaulichen: an den berühmten verschränkten Armen. Wer empfindet es nicht als negativ, wenn ihm sein Gesprächspartner so gegenübersteht? Schauen Sie sich doch einmal folgende Fotos an – wie wirkt der Herr auf Sie?

Auf dem linken Bild abweisend und auf dem rechten Bild eher erfreut, fast verschmitzt, auf jeden Fall nicht unsympathisch? Sie sehen, die verschränkten Arme wirken auf uns nur im Zusammenspiel mit Körperhaltung und Mimik – und dann können sie völlig unterschiedlich wirken.

Die individuelle Situation einbeziehen

Genauso komplex wie die Vielfalt des körperlichen Ausdrucks ist das Zusammenspiel von Körper und Situation: Es kommt immer darauf an, wo und wann wir uns begegnen. Ist es früher Morgen oder später Abend? Sind wir bei jemandem zu Gast oder empfangen wir jemanden auf unserem „Territorium" im Büro? Oder vielleicht findet das Treffen auf einem neutralen Gebiet, etwa beim Geschäftsessen im Restaurant, statt? Kennen wir unser Gegenüber schon länger, können wir uns sogar „gehen lassen" oder treffen wir uns zum ersten Mal und es handelt sich dabei um eine zukunftsweisende Produktpräsentation oder eine knallharte Verhandlung?

Menschen agieren unterschiedlich, abhängig von den Voraussetzungen, Einflüssen und Zielen der Situation. Deshalb sollten Sie immer versuchen, eine Geste oder eine Körperhaltung
Ihres Gegenübers im Zusammenhang mit der jeweiligen Situation zu verstehen.

Beispiel: Mit den Armen schützen

Mitte Dezember. Die Mitglieder der Projektgruppe „Mehr Kun-
denorientierung" besprechen die weitere Vorgehensweise. Frau
Ammann, die Teamleiterin, sitzt leicht in sich zusammen gesun-
ken und mit verschränkten Armen in der Runde.

Ein Mitarbeitergespräch. Der Vorgesetzte von Frau Ammann
bespricht mit ihr das stockende Vorwärtskommen des Projekts.
Frau Ammann sitzt ihm mit verschränkten Armen gegenüber und
verzieht keine Miene.

Projektpräsentation im Unternehmen. Frau Ammann hat den
erfolgreichen Abschluss ihres Projekts vorgestellt. Das über lange
Zeit angelegte Projekt ist hervorragend gelaufen, sie erntet viel
Lob von Kollegen und Vorgesetzten. Sie lehnt sich zufrieden
zurück und verschränkt die Arme.

Drei Situationen, drei unterschiedliche Anlässe, die Arme zu
verschränken. Ob sie nun friert, ob sie Kritik abwehrt oder sich
freut – Frau Ammann führt die gleiche Geste aus.

Bevor Sie eine einzelne Geste interpretieren, bedenken Sie: Oft erschließt
sich ihre Bedeutung nur im Zusammenhang mit anderen Gesten und im
Zusammenhang mit der Situation.

Die Perspektive ändern

Körpersprachliche Signale zu verstehen heißt also letztlich, die eigene Perspektive zu ändern. Ein paar körpersprachliche Tricks, die helfen könnten, leichter einen Verkaufsabschluss zu erzielen oder Mitarbeiter besser zu motivieren, stellen keinen so großen Wert dar wie diese Änderung der Sichtweise: Wenn Sie Ihre Wahrnehmung schärfen und sich zugleich stets der Vielfalt der menschlichen Beweggründe und Ausdrucksweisen bewusst sind, werden Sie Menschen wahrnehmen und besser einschätzen können. Natürlich werden Sie dadurch auch für Ihre eigene Körpersprache sensibel und können diese authentisch und überzeugend einsetzen.

Der Kreislauf der Körpersprache

Um Menschen und Situationen besser zu verstehen, ist es hilfreich, Körpersprache wahrzunehmen und deuten zu können. Dann kann man darauf reagieren, die Situation gegebenenfalls ändern und die veränderte Situation wiederum wahrnehmen. Somit schließt sich der Kreislauf von Aktion und Reaktion:

1   Wahrnehmen der Körpersignale

2   Verstehen der gesendeten Signale

3   Reagieren auf die Signale

4   Wahrnehmen der veränderten Situation

Das Wissen über diesen Kreislauf gibt uns die Möglichkeit, selbst aktiv zu werden und sich nicht der Macht der Körpersprache auszuliefern.

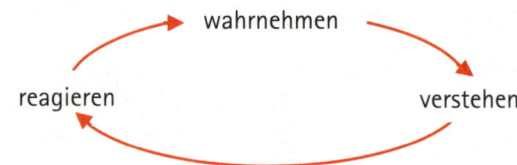

Das heißt: Wir können aktiv und nicht – wie bisher – unbewusst die Signale der anderen wahrnehmen. Wir vergleichen sie mit dem vagen Gefühl, das wir oft schon längst seit Beginn der Begegnung hatten. Wir gleichen sie mit anderen körpersprachlichen Signalen ab und mit den Informationen über die jeweilige Situation. Das ermöglicht uns, Körpersprache zu verstehen. Dank der wertvollen Informationen, die der Körperausdruck des Gesprächspartners auf diese Weise liefert, können Sie entsprechend reagieren – indem Sie nachfragen oder Ihre eigene Körpersprache oder das, was Sie sagen, korrigieren – und beispielsweise eine verfahrene Situation verändern. Wie Sie das machen können, erfahren Sie im Kapitel „Wie Sie Körpersprache gezielt einsetzen".

Natürlich ermöglicht Ihnen das Verständnis der körpersprachlichen Signale und ihrer Wirkung auch, Ihre eigene Körpersprache bewusster einzusetzen und damit die Wirkung Ihrer Worte und Ihrer Person auf andere zu verstärken oder sogar zu verändern, sei es in Vorstellungsgesprächen, bei Vorträgen oder in wichtigen Besprechungen.

Die häufigsten Fragen zur Körpersprache

Kann ich mit körpersprachlichen Tricks andere manipulieren?

Ja. Körpersprache ist eine Sprache und genauso wie Sie mit Worten manipulieren können, können Sie auch mit körpersprachlichen Signalen manipulieren. Sie müssen selbst entscheiden, zu welchen Zwecken Sie Körpersprache einsetzen wollen. Die Gefahr besteht immer, dass man Ihnen auf die Schliche kommt.

Kann ich mich gegen Manipulation wehren?

Die Manipulation der Körpersprache erfolgt vor allem auf der emotionalen Ebene: Man möchte z. B. Nähe und Vertrauen herstellen, Offenheit vortäuschen oder Souveränität vorspielen. Sollten Sie den Verdacht schöpfen, Ihr Gesprächspartner wolle Sie manipulieren, versuchen Sie das Gespräch wieder auf die sachliche Ebene zu führen. Stellen Sie fest, ob jemand nur eine Wirkung erzielen will oder von echter Überzeugung geleitet wird.

Kann ich an der Körpersprache meines Gegenübers erkennen, dass er lügt?

Körpersignale können nur Indizien dafür liefern, dass Ihr Gegenüber lügt. Wenn sich jemand z. B. während einer Aussage oft umsieht oder seinen Mund bedeckt, muss das nicht automatisch auf eine Lüge hindeuten. Vergessen Sie nicht, dass Sie die Gesten nicht isoliert von der Gesamtsituation interpretieren können. Hegen Sie trotzdem Verdacht, dass Ihr Gegenüber lügt, fragen Sie ruhig nach. Sollten Sie selbst in eine Situation geraten, lügen zu müssen, z.B. wenn ein Dieb nach Ihrem Geldbeutel fragt, vermeiden Sie jede nervöse Handgeste, die zum Gesicht führt. Bleiben Sie ruhig und entspannt, öffnen Sie Ihre Arme, zeigen Sie Ihre Handflächen und lügen Sie, z.B. dass Sie leider gerade eben bestohlen worden sind und auf dem Weg zur Polizei sind.

Kann ich Gesten erlernen?

Ja. Denken Sie aber daran, wenn Sie eine neue Geste ausprobieren, dass Ihre innere Haltung mit der Geste übereinstimmen sollte. Jedes Mal, wenn Sie eine Geste lernen, versuchen Sie sich klar zu machen, was Sie vermitteln wollen und welche Motive Sie bewegen.

Bin ich beim anderen Geschlecht erfolgreicher, wenn ich Körpersprache beherrsche?

Ja. Werben und Flirten basiert vor allem auf körpersprachlichen Signalen: Augenkontakt aufnehmen, lächeln, mit der Hand durchs Haar fahren oder das Hochziehen der Augenbrauen als Zeichen von Interesse. Das Verstehen dieser Signale kann Ihnen helfen, Kontakt aufzunehmen, und später können Sie auch besser die Bedürfnisse des anderen erkennen und auf ihn eingehen.

Körpersprachliche Signale verstehen

Jeder von uns hat seine ihm eigene Art zu stehen und zu gehen, zu blicken und zu gestikulieren. Trotzdem lassen sich Gemeinsamkeiten feststellen. Bestimmte körpersprachliche Signale lassen auf bestimmte innere Haltungen, Gedanken und Gefühle schließen. Unser Körper verrät uns!

In diesem Kapitel lesen Sie alles über

- Körperhaltung und Gangarten,
- Mimik und Gestik,
- Stimme und Tonfall,
- Status und Territorien,
- die verschiedenen Körpertypen.

Körperhaltung und Gangarten

Stellen Sie sich vor, dass ein eingeschüchterter oder lustloser Mensch vor Ihnen steht. Was sehen Sie? Vermutlich einen leicht gebeugten Oberkörper, hängende Schultern, einen schleppenden Gang. Sie wissen nämlich intuitiv, wie Körperhaltung und Gangart mit unserer inneren Verfassung zusammenhängen.

Die Körperhaltung

Die Körperhaltung eines Menschen drückt seine innere Haltung aus. Aus der Körperhaltung kann man erkennen, in welcher emotionalen Verfassung sich das Gegenüber befindet. Natürlich nehmen wir nicht nur die Körperhaltung wahr, sondern auch das Zusammenspiel von Mimik, Gestik und Stimme.

In der Körpersprache sprechen wir statt von „richtig" oder „falsch" lieber von einer überspannten oder einer unterspannten Körperhaltung und von einer offenen oder geschlossenen Körperhaltung.

Überspannte Haltung

Wer einmal die angespannte Haltung eines Bogenschützen beobachtet hat, weiß, dass sein ganzer Körper sich auf eine einzige Aufgabe konzentrieren muss: Alle Muskeln des Sportlers sind bis zum Äußersten angespannt und sollte er den Pfeil nicht im richtigen Moment loslassen, würden seine Muskeln anfangen, sich zu verkrampfen. Er würde den richtigen

Augenblick verpassen und von Neuem anfangen müssen, den Bogen zu spannen.

Oft, wenn wir unter starkem Druck stehen, und vielleicht noch nach außen signalisieren wollen, dass wir jede von uns erwartete Leistung erbringen können, spannt sich unser Körper wie der eines Bogenschützen an. Was für den Augenblick einer Anstrengung gut ist, wird auf die Dauer ein Krampf:

- Die Muskeln sind immer ange-spannt, die Mimik unbeweg-lich und der Blick starr.

- Kopf und Oberkörper sind nach hinten gedrückt, dadurch werden die Halsmuskeln angespannt.

- Das Becken wird nach vorne geschoben. Die Knie sind durchgestreckt und die Füße fest verschlossen.

- Unsere Wahrnehmungsfähigkeit verringert sich. Unsere Sinne können auf die Außenwelt kaum reagieren.

- Wir wirken angespannt und angestrengt. Wir erzeugen oft den Eindruck, als hätten wir Angst vor Kontakt oder vor dem Verlust der Kontrolle.

- Wir wollen alles richtig machen, aber schon ein kleiner Windstoß kann uns zu Fall bringen.

In einem Kundengespräch sendet eine überspannte Körperhaltung negative Signale, der Kunde könnte sich zurückziehen. Ein Vorgesetzter, der angespannt wirkt, vermittelt seinen
Mitarbeitern den Eindruck, er wäre überfordert.

Unterspannte Haltung

Unterspannte Körperhaltung äußert sich durch eine in sich
ruhende Bequemlichkeit, die Gleichgültigkeit oder Antriebs-
losigkeit signalisiert:

- Unsere Muskeln sind schlaff.
- Die Schultern hängen, der Blick schweift durch die Gegend
  oder flüchtet nach innen.
- Unsere Bewegungsabläufe und Reaktionen scheinen ohne
  Initiative zu sein.
- Wir wirken müde und antriebslos.

Die unterspannte Haltung signalisiert oft, dass wir entweder
kein Interesse an unserer Umwelt haben oder dass wir uns
einer Auseinandersetzung verweigern – wir besitzen eigentlich keine eigene Meinung und versuchen, dies mit Gleichgültigkeit zu kaschieren.

Je nach Situation kann die Haltung aber auch Gelassenheit
oder sogar Souveränität vermitteln. Doch damit ist die Gefahr
verbunden, dass man zu locker oder überheblich wirkt. Den
Arbeitskollegen, die sich nach einem anstrengenden Meeting
in ihre Stühle fläzen, die Hände hinter dem Kopf verschränken
und ein paar Witze austauschen, wird niemand diese Haltung
übel nehmen. Doch wenn Sie sich zu gelassen gegenüber

Ihren Kunden geben oder als Vorgesetzter etwa in einem Mitarbeitergespräch zu locker auftreten, kann es passieren, dass Ihr Verhalten missverstanden wird und Sie Ihr Gegenüber verstimmen oder verunsichern.

Entspannte und aufmerksame Haltung

Wenn Sie in einer entspannten, aber aufmerksamen Körperhaltung agieren, können Sie Informationen gut aufnehmen; z. B. während eines Gespräches oder eines Vortrages. In dieser Körperhaltung hat der Körper viel mehr Ausdauer und ist leistungsfähiger. Sie behalten den Gesamtüberblick und können in jeder Situation überlegen, was im Moment das Richtige für Sie ist.

> Flexibel reagieren: Die eigentliche Kunst den richtigen Körperausdruck zu finden, besteht nicht nur darin, ein Gleichgewicht zwischen Überspannung und Unterspannung herzustellen, sondern auch darin, den Körperausdruck der Situation anzupassen. Entscheiden Sie, welche Körperspannung im Moment gut ist und lassen Sie sich nicht von Ihren Körperhaltungen bestimmen!

Geschlossene Haltung

Geschlossene Körperhaltungen oder Gesten nennen wir alle Haltungen, die den Körper schützen. Ein gesenkter Kopf, ein gebeugter Oberkörper, ein von unten nach oben gerichteter, prüfender Blick signalisieren der Außenwelt, dass man den anderen entweder kritisch und misstrauisch begegnet oder erst gar nicht an der Begegnung interessiert ist.

Zu diesem körperlichen Ausdruck gesellen sich oft Gegenstände, die als Rettungsanker oder Schutzmauer fungieren:

eine Akte oder Handtasche, die man an sich drückt oder ein Manuskript, an dem sich der Redner festkrallt.

Offene Haltung

Die offene Körperhaltung ist eine aufrechte und entspannte Haltung, die mit einem direkten und aufmerksamen Blick einhergeht. Die Gesten stimmen mit der gesprochenen Sprache überein, wirken lebhaft und einladend.

Wir sehen jemandem, der eine solche Haltung einnimmt, sofort an, dass er sich wohl in seinem Körper fühlt, ohne

dass er auf uns überheblich oder selbstverliebt wirkt. Die offene Haltung vermittelt Aufgeschlossenheit und Souveränität und schnell stellt sich der Eindruck ein, die Person vertritt eine eigene Meinung, ist aber gleichzeitig genug neugierig und offen, um sich die Meinung der anderen anzuhören.

Wenn Sie sich gut und stark fühlen, stehen Sie klar, aufrecht und offen da. Mit diesem guten Stand könnten Sie Bäume ausreißen.

Standbein und Spielbein

Ihr Körper wandert hin und her. Sie wirken gelangweilt oder unruhig, wenn Sie das Standbein schnell wechseln. Sie haben keinen richtigen Standpunkt. Körperhaltungen, die den Schwerpunkt nach vorne, hinten oder zur Seite verlagern, werden leicht als Unsicherheit wahrgenommen. Wenn sich der Körper stark zur Seite neigt, können Sie anlehnungsbedürftig oder lustlos wirken. Wandert der Körper in dieser Position nach hinten, kann die Haltung von kritischen Gedanken zeugen. Lehnt sich Ihr Körper leicht zurück, wirkt es abwartend und misstrauisch. Wenn Sie dazu Ihren Kopf in den Nacken legen und schräg von der Seite schauen, ist der Ausdruck eindeutig: Sie wollen sich Überblick verschaffen und wissen noch nicht, ob Sie der Sache trauen können.

Wenn Sie den Oberkörper nach vorne frontal zu Ihrem Gesprächspartner hin richten, das Becken und die Beine aber wie zum Gehen weggedreht sind, signalisiert dies, dass Sie mit Ihren Gedanken schon woanders sind. Sie können in der verdrehten Haltung unkoordiniert wirken. Nimmt z.B. ein Kunde, Ihr Vorgesetzter oder ein Mitarbeiter diese Haltung ein, stellen Sie sich ihm „in den Weg", um ihm von vorne zu begegnen, oder lassen Sie ihn einfach gehen, denn seine Körperhaltung deutet an: eigentlich ist er nicht mehr da.

Unterwürfige Haltung

Der Körper ist gebeugt, die Schultern sind hochgedrückt, der Kopf ist eingezogen (linkes Bild). Die Füße sind leicht nach innen gedreht, dadurch haben Sie keinen guten Stand. Sie wirken demütig und schutzbedürftig.

Überhebliche Haltung

Der Körper ist ausgestreckt und zurückgelehnt. Sie blicken von oben herab und die Arme sind verschränkt (rechtes Bild). Die Beine haben einen breiten Stand, sie lassen sich nicht bewegen. Sie fühlen sich überlegen und wirken arrogant.

Haltungen beim Sitzen

Übereinandergeschlagene Beine mit gekreuzten Armen und ein zur Seite geneigter Kopf weisen darauf hin, dass Sie sich die Sache kritisch anhören oder sich schon aus dem Gespräch zurückgezogen haben. Sie wirken versperrt und abwartend.

Den Körper ausgestreckt, die Arme genüsslich hinter dem Kopf verschränkt: das kann von einer entspannten Haltung zeugen. Da Sie mit dieser Haltung viel Raum einnehmen und sehr dominant wirken, wäre sie z.B. in einem Mitarbeitergespräch unangebracht.

Gekreuzte Knöchel deuten auf eine defensive, kritische Haltung hin. Wenn jemand sich im Oberkörperbereich locker gibt, jedoch unter dem Stuhl die Fußknöchel gekreuzt hält, kann dies unterschwelliges Misstrauen signalisieren.

Wenn Sie aufrecht und ent-
spannt sitzen, wirken Sie offen
und wach, selbst wenn Sie Ihre
Beine übereinanderschlagen. Ihr
Blick ist aufgeschlossen. Die
Hände ruhen auf den Oberschenkeln. Sie können gut zuhören und
sind jederzeit bereit, ins Gespräch
einzusteigen.

Wie Sie auf eine geschlossene Haltung reagieren

Wenn Ihr Gegenüber eine geschlossene Körperhaltung einnimmt, Sie aber Kontakt herstellen und Vertrauen aufbauen
wollen, können Sie Folgendes tun:

- Drücken Sie mit Ihrer Körperhaltung Aufgeschlossenheit
  und Ruhe aus und spiegeln Sie in dieser Situation auf
  keinen Fall die Körperhaltung Ihres Gegenübers.

- Versuchen Sie Ihr Gegenüber in eine andere Position zu
  bringen, indem Sie den Ort wechseln oder die Sitzordnung
  ändern.

- Animieren Sie Ihren Gesprächspartner dazu, seine Haltung
  aufzulösen. Reichen Sie ihm z. B. etwas zu trinken.

Eine aufrechte und entspannte Körperhaltung strahlt Selbstbewusstsein
und Kompetenz aus.

Gangarten

Wie die Körperhaltung deuten auch die Länge und die Dynamik der Schritte auf die innere Verfassung eines Menschen hin. Mit großen Schritten und energischem Schritttempo (linkes Bild) nimmt man den Raum ein, dieser Gang zeugt von Entschlossenheit und Vitalität: Die Person weiß genau, wohin sie gehen will. Ein Macher und Visionär macht eher große Schritte und betritt den Raum mit viel Elan. Langsame und kleinere Schritte (rechts Bild) wirken zögerlich und unsicher. Ein introvertierter Mensch macht kleinere Schritte; er mag sich auf Details konzentrieren und genau dies spiegelt sich in den Schritten wider: „Eins nach dem anderen und nicht zu schnell".

Aus Tempo und Länge der Schritte lässt sich noch viel mehr herauslesen:

- Ein wippender Gang wirkt leicht und energisch, kann aber genauso gut auf wenig „Bodenhaftung" hinweisen.
- Kurze und schnelle Schritte wirken hektisch.
- Ein trippelnder, schneller Gang kann anbiedernd und übereifrig wirken.
- Ein schleppender, leicht zur Seite geneigter Gang zeugt oft von Bedenken und wenig Kraft.

Mimik

Bei jeder Begegnung nehmen wir mehr oder weniger bewusst wahr, was sich im Gesicht des Gegenübers abspielt. Die Durchlässigkeit unseres Mienenspiels sollte uns deshalb immer bewusst sein. Es ist nämlich schwierig, etwas zu behaupten, wenn unser Gesicht das Gegenteil ausdrückt.

Folgendes nehmen wir an unserem Gesprächspartner wahr: Den Ausdruck der Augen – leuchten sie oder sind sie matt? Wohin geht sein Blick? Runzelt er die Stirn? Lächelt er oder versucht er zu lächeln? Sind die Lippen zusammengekniffen oder entspannt? Ist die Gesichtsfarbe gerötet oder blass? Es gibt eine ausdrucksvolle und eine sparsame Mimik. Im Volksmund nennen wir Letztere „Pokerface", d.h., wir können keine Informationen daran ablesen und uns nicht daran orientieren. Wenn Sie Vertrauen schaffen wollen, würden Sie mit einem solchen „Pokerface" das Gegenteil bewirken.

Der Mund und die Lippen

Noch bevor wir sprechen lernen, nehmen wir Nahrung auf und schmecken mit dem Mund. In unserer Kindheit gehören Mund und Lippen zu den wichtigsten Organen, mit denen wir die Welt erkunden. Mit Küssen drücken wir unsere Zuneigung aus, mit Bissen unsere Abneigung. Diese Bedeutung für unsere Entwicklung und der enge Zusammenhang mit unseren Emotionen spiegelt sich in unserer Körpersprache wider. Die innere Anspannung oder Entspannung eines Menschen zeigt sich direkt in Mund und Lippen. Sind die Lippen zusammengekniffen oder ein wenig geöffnet? Wird das Gesagte von einem aufrichtigen Lächeln begleitet oder mit heruntergezogenen Mundwinkeln? Gerade das Lächeln ist ein wichtiges Zeichen dafür, wie wir in Beziehung zu unseren Gesprächspartnern und zu unserer Umwelt treten.

Das echte Lächeln ist herzlich und warm, die Augen lachen mit (linkes Bild). Das künstliche Lächeln (rechtes Bild) erkennen Sie daran, dass die Augen nicht mitlachen. Meistens bleibt auch der gesamte Körper unbeweglich.

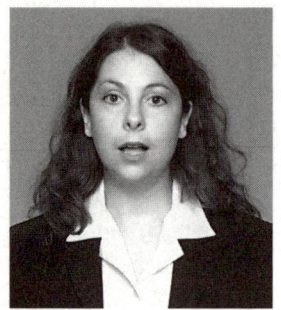 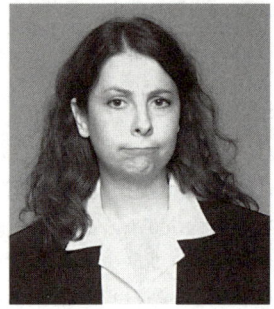

Der offene Mund drückt Staunen aus, er kann natürlich auch Sprachlosigkeit bedeuten. Die Augenbrauen sind hochgezogen und signalisieren Interesse (linkes Bild). Zusammengekniffene Lippen wirken skeptisch oder kritisch: „Ich traue der Sache nicht ganz" (rechtes Bild). Zusammengepresste Lippen weisen auf innere Angespanntheit hin. Wer sich auf die Unterlippe beißt, verkneift sich vielleicht etwas, möchte etwas nicht sagen. Beim Gesprächspartner kann das als nervöse Geste ankommen.

Die Augen

Wir glauben, dass die Augen der Spiegel der Seele sind, und versuchen, jemandem in die Augen zu schauen, wenn wir eine Lüge befürchten. Große Augen hatten schon immer eine klare Anziehungskraft. Daher schminken sich die Frauen ihre Augen und lassen sich die Augenbrauen zupfen, um sie größer erscheinen zu lassen. Die Bösewichte im Film tragen Sonnenbrillen, auch, weil sie befürchten, dass man ihre Absichten errät, wenn man ihre Augen sieht. Der Blick ist wie andere

Signale der Körpersprache kulturell bedingt. In westlichen Kulturen ist direkter und häufiger Blickkontakt üblich, in asiatischen Ländern zeugt er von mangelndem Respekt und kann Aggressionen auslösen. Bei uns bedeutet guter Augenkontakt, dass wir den Gesprächspartner, ohne ihn anzustarren, immer wieder mit dem Blick unser Interesse signalisieren. Personen mit einem fliehenden oder nach innen gerichteten Blick, der auf Zurückhaltung, Angst oder Desinteresse schließen lässt, wirken irritierend auf uns. Sie möchten nicht angesehen werden, sich „unsichtbar" machen.

Der Blick von unten wirkt ängstlich und verunsichert. Der Kopf ist leicht nach vorne gebeugt, die Schultern sind schützend hochgezogen.

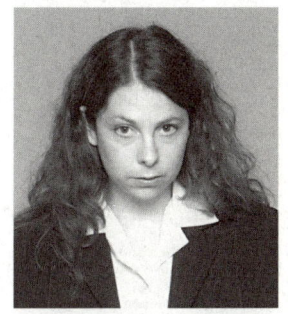

Der Blick von oben wirkt arrogant und dominant, Sie schauen auf Ihr Gegenüber herunter.

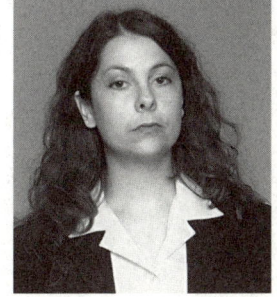

Der Blick von der Seite wirkt kritisch und prüfend. Vertikale Stirnrunzeln deuten auf eine kritische Haltung hin, während horizontale Stirnrunzeln, die bei hochgezogenen Augenbrauen entstehen, eher Interesse signalisieren.

Ein direkter, offener Blick mit geradem Kopf wirkt aufgeschlossen. Sie vermitteln den Eindruck, dass Sie sich wohl fühlen. Dieser Blick löst auch beim anderen Wohlbefinden aus: Wer so angesehen wird, fühlt sich weder kritisch betrachtet noch beobachtet.

Ein zur Seite geneigter Kopf mit offenem Blick signalisiert Interesse, hochgezogene Augenbrauen aktives Interesse. Er kann auch für Staunen oder die Erwartung von mehr Informationen stehen. Wenn Sie feststellen, dass Ihr Gegenüber den Kopf zur Seite neigt, haben Sie Ihr Ziel erreicht.

Ein nach unten geneigter Kopf mit verschränkten Armen kann eine negative oder kritische Einstellung bedeuten. Sie wirken auf keinen Fall motiviert oder motivierend, eher skeptisch bis feindselig.

Wenn Sie auf jemanden an Ihrer Nase entlang herunterschauen und gleichzeitig den Kopf leicht in den Nacken zurücklehnen, drücken Sie damit Missachtung aus. Der Blick wirkt taxierend, sogar verächtlich.

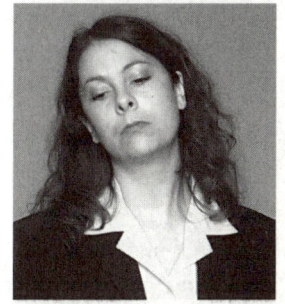

Bei einem Blick nach innen sprechen wir von einer Augenbarriere. Sie wirken abwesend. Vielleicht denken Sie gerade intensiv nach, vielleicht möchten Sie nicht hinschauen oder angeschaut werden. Diesen Blick findet man auf vielen Fahndungsfotos der Polizei.

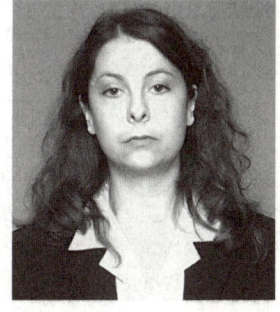

Gestik

Gesten begleiten die gesprochene Sprache, sie beleben die Kommunikation und unterstreichen den Inhalt des Gesagten. In südeuropäischen Ländern werden Hände und Arme sehr lebhaft eingesetzt, in Deutschland dagegen werden Gesten eher sparsam verwendet. Jeder Mensch besitzt neben den kulturell bedingten Gesten, wie z. B. dem Victory-Zeichen mit den nach oben gestreckten Fingern, ein ganzes Repertoire an individuellen Gesten.

Wie wir Gesten wahrnehmen

Unbewusst merken wir, dass Gesten viel über unsere innere Haltung und Emotion aussagen:

- Menschen, die fast keine Gesten benutzen, wirken unbeteiligt oder kraftlos.

- Die Art und Weise wie jemand seine Hand zur Begrüßung ausstreckt und die Hand des anderen drückt, hinterlässt bei uns einen ersten, nicht unwichtigen Eindruck.

- Sind die Hände offen oder werden sie zu Fäusten geballt? Hängen die Arme lustlos am Körper herunter oder sind sie oft verschränkt und werden sie als eine Art Körperbarriere eingesetzt?

Gesten, die nicht mit dem Gesagten übereinstimmen, verraten die wahren Gedanken und Emotionen. Das verunsichert oder verstimmt die Zuhörer und vermindert dadurch die Aufmerksamkeit. Typisch dafür sind verschränkte Finger, die ineinander krallen oder sich gegenseitig quetschen – sie verraten die innere Anspannung.

Begrüßung – die Dominanz der Hand

Schon an der Art des Händedrucks kann die Beziehung zwischen zwei Menschen abgelesen werden: Wer streckt als Erster die Hand aus? Hat jemand die „Oberhand" beim Begrüßen? Wenn ja, bestimmt er die Situation. Die Länge des Händeschüttelns gibt Aufschluss über die Innigkeit der Beziehung: einmal Schütteln ist höflich und distanziert, zwei- bis dreimal ist freundlich, ca. siebenmal ist herzlich und innig.

Wie viel Druck ist gut?

So verschieden die Menschen sind, so unterschiedlich ist auch ihr Händedruck – bewusst sollte uns dabei sein, wie dies auf die Person, die wir begrüßen, wirkt:

- Bei der „schlappen Hand" wird die Hand nur zögerlich ausgestreckt und übt kaum Druck aus. Entweder haben wir es mit einem Klaviervirtuosen zu tun, der seine Hände schont, oder mit einem scheuen Zeitgenossen.

- Beim Handschuh-Druck wird die Hand des Gegenübers mit beiden Händen umschlossen. Die Geste drückt Herzlichkeit und Freude aus und wird oft von mehrmaligem kräftigem Schütteln begleitet.

- Eine verspannte Hand mit steif ausgestrecktem Arm zeugt von Misstrauen und Abstand.

- Beim „Knochenbrecher" werden die Finger regelrecht gequetscht. Der Täter zeigt damit seine Dominanz. Sich dem körperlich zu entziehen, ist nicht leicht. Am besten machen Sie eine entschiedene Bemerkung darüber.

■ Der beim Händedruck begleitende Griff der linken Hand an das Handgelenk, den Ellenbogen oder die Schulter des Gegenübers zeugt von Vertrautheit – oder ist eine einfache Machtdemonstration! Der feste Griff mit der linken Hand an den Oberarm des Gegenübers wird oft und gerne von Politikern oder Verhandlungspartnern verwendet. Mit dem Griff etabliert man sich sofort als Gastgeber und gleichzeitig kann man den Gast auf Distanz halten.

Freundliche Begrüßung

Die Oberkörper sind leicht zueinander nach vorne gebeugt. Die Personen kennen sich offensichtlich, sie sehen sich offen in die Augen und lächeln sich freundlich an. Der Händedruck ist kräftig. Die Hände werden mehrmals geschüttelt.

Routinierte Begrüßung

Die beiden Personen wirken höflich und distanziert. Ihre Körper halten Abstand. Die Blicke begegnen sich nur flüchtig. Der Händedruck ist kurz und kräftig.

Zaghafte Begrüßung

Die Personen halten möglichst großen Abstand. Die Person rechts im Bild ist leicht nach hinten gelehnt, als würde sie sagen: „Kommen Sie mir nicht zu nahe!" Der Händedruck ist minimal, sie werden nur einmal geschüttelt oder kurz gehoben.

Dominante Begrüßung

Die Person mit der „Oberhand" drückt von oben nach unten und zeigt somit, wer das Sagen hat. Der Händedruck ist kräftig bis eisern, die Hände werden selten geschüttelt. Um einem Oberhand-Griff zu entkommen, machen Sie einen entschlossenen Schritt mit dem linken Fuß nach vorne. Die Hand des Dominierenden wird sich dadurch automatisch zur richtigen Seite umdrehen.

Die Bedeutung der Gesten

Gesten sind sehr individuell, trotzdem ist es möglich, dass Sie Ihre Wahrnehmung für Gesten schärfen und neue Gesten in Ihr Repertoire aufnehmen. Sie werden merken, welche Gesten

z.B. in einem Gespräch unterstützend oder vielleicht hinder-
lich sind. Haben Sie Mut, neue Gesten auszuprobieren, oder
Gesten überhaupt einzusetzen. Achten Sie darauf, dass Sie die
Größe der Gesten der Situation anpassen: Es ist ein Unterschied, ob Sie in einem Mitarbeitergespräch, in einem Meeting oder vor 200 Zuhörern sprechen. Je größer der Raum oder
die Anzahl der Beteiligten ist, desto energischer und größer
dürfen die Gesten sein.

Nach vorne ausgestreckte Arme
mit nach außen geöffneten
Handflächen signalisieren: „Ich
habe nichts zu verbergen." Der
Gesprächspartner fühlt sich willkommen und will wissen, was
sein Gegenüber zu sagen hat.

Eine stille Vorfreude kann ihren
Ausdruck in kurzem Händereiben
finden. Das Tempo des Reibens
sagt aus, wie groß die Freude ist.
Wenn sich z.B. ein Versiche-
rungsmakler die Hände reibt,
während er seinem Kunden den
Produktvorteil erklärt, würde er
sich ungeschickt anstellen. Denn
er verrät damit, dass er seinen
finanziellen Vorteil im Sinn hat.

Die verschränkten Hände kann man vor oder auf dem Schoß, auf dem Tisch oder vor dem Gesicht halten. Gehen Sie davon aus, dass je höher und näher die verschränkten Hände dem Gesicht kommen, desto größer ist die Skepsis Ihres Gegenübers.

Hackende Hände wirken abweisend und drohend. Die Fingerfront der Hand wirkt verschlossen, sie „mauert".

Bei der unterstützenden Geste erzählen beide Hände, dass sie etwas halten und schützen.

Bei der abwehrenden Geste stoßen die Hände etwas ab, bilden einen Schutz nach außen. Die Geste kann Ablehnung signalisieren oder, wenn sie von hochgezogenen Schultern begleitet wird, Unwissen oder Unschuld behaupten.

Die Hand wandert zum Mund – diese Mundschutzgeste zeugt davon, dass man verunsichert ist oder etwas für sich behalten möchte. Wenn Ihr Gegenüber eine Mundschutzgeste macht, fragen Sie nach, vielleicht hält er etwas Wichtiges zurück.

Entspannte Hände, die aufeinander ruhen, strahlen Souveränität und Ruhe aus. Gleichzeitig sind sie wach genug, um jederzeit an einem Gespräch unterstützend teilnehmen zu können.

Vorausgesetzt, der Grund ist nicht einfaches Nasenjucken, kann ein kurzes Berühren der Nase darauf hinweisen, dass man am Gehörten zweifelt oder dass man selbst lügt. Die Geste vermittelt Unsicherheit und Verlegenheit.

Auch ein kurzes nervöses Kratzen am Hals kann darauf hinweisen, dass Ihr Gegenüber schwindelt. Falls Sie misstrauisch sind, bitten Sie den „Verdächtigen" darum, die Aussage, bei der er sich kurz an die Nase gefasst oder am Hals gekratzt hat, nochmals zu wiederholen.

Am Nacken oder am Kopf reiben kann Verlegenheit bedeuten oder von der Befürchtung zeugen, etwas falsch gemacht zu haben. Stellen Sie die Geste bei Ihren Kollegen oder Mitarbeitern fest, fragen Sie einfach nach, was ihn bedrückt.

Am Kinn fassen oder tippen wir uns oft an, wenn wir überlegen oder nach einer richtigen Entscheidung suchen. Sehen Sie, dass Ihr Gegenüber, z. B. ein Kunde, diese Geste ausführt, lassen Sie ihm Zeit, bedrängen Sie ihn nicht.

Ein aufgestütztes Kinn kann Skepsis oder wenig Interesse bedeuten. Stellen Sie bei Ihrem Zuhörer diese Geste fest, unterbrechen Sie sich und fragen Sie nach, ob Sie sich verständlich genug ausdrücken oder ob ihm etwas unklar ist.

Als unangenehm empfinden wir Gesten mit dem Zeigefinger. Sie haben etwas Bedrohliches und drücken oft Arroganz und Anmaßung aus.

Verschränkte Arme müssen nicht
automatisch auf eine ablehnende
oder kritische Haltung hinweisen.
Abhängig von der Situation, kann
die Geste bedeuten, dass man
zögert oder es sich gerade bequem gemacht hat, um zuzuhören.

Wenn sich allerdings mehrere
Details zu den verschränkten Armen gesellen, wie geballte Fäuste
oder eine gerunzelte Stirn, drückt
das gesamte Bild eine skeptische
und misstrauische Haltung aus.

Stimme und Tonfall

Viele unterschätzen die Macht der Stimme. Aber: Oft hören
wir viel mehr auf den Tonfall und die Betonung des anderen
als auf das, was er sagt. Immerhin hängen 38 % des Erfolges
von Kommunikation von Stimme und Sprechtechnik ab – ein
Grund, sich der Wirkung seiner Stimme zu widmen. Außerdem
wissen wir aus alltäglichen Begegnungen: Im richtigen Ton
können wir alles sagen, im falschen gar nichts. Die Kunst ist
es, den richtigen Ton zu treffen.

Beispiel: Der falsche Ton

 Frau Ritter hat ihr Auto während einer Veranstaltung in der Tiefgarage des Hotels geparkt. Bei der Ausfahrt aus der Garage erfährt sie, dass sie die 8 Euro fürs Parken selbst zahlen muss, da der Veranstalter diese Kosten nicht übernimmt. Frau Ritter dachte, dass die Parkgebühren in den Teilnahmekosten inbegriffen sind, deshalb fragt sie beim Empfang noch mal nach. „Mein Chef hat gesagt, dass alle Gäste die Tiefgarage selber zahlen sollen", antwortet die Empfangsmitarbeiterin in einem forschen Ton. „Das ist so mit dem Veranstalter abgesprochen und außerdem stand es auf dem Anmeldeformular!" Für Frau Ritter ist der Inhalt der Erklärung plausibel, doch der gehässige Ton lässt sie zusammenzucken. Sie legt das Geld hin und verlässt schweigend den Empfang.

Sprachmelodie und die Betonung sind entscheidend für die Interpretation des Gesagten. Hätte die Empfangsmitarbeiterin für ihre Erklärung einen freundlich erklärenden Ton gewählt, hätte das Hotel eine treue Kundin behalten.

Stimme und Stimmung

Die Stimme ist ein sehr genauer Stimmungsbarometer. Wenn Sie verunsichert sind, wird Ihr Atem flach und kurz. Sie geraten dadurch leicht ins Stocken und Ihre Stimme wirkt kraftlos. Wächst Ihre Verunsicherung und wandelt sie sich sogar in Angst, kann Ihre Stimme kurzzeitig versagen. Wenn Sie unter großem Druck stehen, kann sich Ihre Stimme überschlagen. Ihr Körper ist angespannt und Sie können Ihre Stimme nicht mehr der Situation anpassen. Nur, wenn Sie weder angespannt noch unterspannt sind, atmen Sie frei und tief, Ihre Stimme klingt kraftvoll und klar.

> Einer klaren, wohlklingenden Stimme hören wir gerne zu, eine gehetzte oder piepsige Stimme senkt unsere Aufnahmebereitschaft.

Wie die Stimme negativ wirkt

- Leises Sprechen weist auf mangelnde innere Überzeugung oder Unsicherheit hin. Zu lautes Sprechen deutet auf innere Anspannung.

- Eine zittrige Stimme wirkt unsicher, eine monotone Stimme wirkt lustlos. Eine gehetzte Stimme, kombiniert mit schnellem oder abgehacktem Sprechen, zeugt von Ängstlichkeit oder Übereifer.

- Eine zu hohe oder zu tiefe Stimme verleiht wenig Glaubwürdigkeit. Während die hohe Stimme Überspannung vermittelt und oft abschreckend wirkt, kann eine zu tiefe Stimme Bequemlichkeit oder Selbstverliebtheit signalisieren und monoton wirken, vor allem, wenn das Sprechtempo langsam ist.

- Ein kurzes ‚äh' vor dem Satz weist auf Unsicherheit hin, lässt sich aber auch als Trick einsetzen: Wenn Sie beim Sprechen nicht unterbrochen werden wollen, machen Sie ein langes ‚ääh' zwischen den Sätzen.

Wie die Stimme positiv wirkt

- Eine ruhige und klare Stimme drückt Souveränität und einen klaren Standpunkt aus. Bei einer wohlklingenden Stimme sind auch die Informationen „stimmig".

- Ein lebhaftes Sprechen durch Tempo- und Lautstärkewechsel sowie Abwechslung in der Betonung und in der

Sprachmelodie kann Bilder und Emotionen bei den Zuhörern freisetzen. Stimme kann bewegen und berühren, überzeugen und begeistern.

> In einer entspannten und aufrechten Körperhaltung haben Sie eine klare und wohlklingende Stimme.

Status

Ein schnelles Auto, eine teure Uhr oder die Designerhandtasche sind Statussymbole, die einen gewählten Lebensstil zum Ausdruck bringen sollen. Aber nicht nur materielle Dinge, mit denen sich Menschen umgeben, beschreiben ihren Status. Wir senden unaufhörlich, in allen Arbeits- und Lebenssituationen körperliche Signale, die den anderen zu verstehen geben, welchen Status wir gerade einnehmen.

Hoher Status und tiefer Status

In jeder Beziehung agieren wir entweder aus dem Tiefstatus oder aus dem Hochstatus heraus. Es kann sein, dass Sie in Ihrer Arbeit als Vorgesetzter einen Hochstatus besitzen, zu Hause jedoch bei Ihrer Familie den Tiefstatus einnehmen, z. B. als hilfsbereiter Schwiegersohn.

Die Konflikte beginnen oft dort, wo der Status in Frage gestellt wird oder nicht akzeptiert wird. Unter Arbeitskollegen fällt oft die Bemerkung: „Du schaust heute aber ziemlich müde aus!" Wenn Sie diesen Satz schon einmal gehört haben, der oft von einem mitfühlenden Blick oder von „Schulterklopfen" begleitet wird, wissen Sie, wie sich der Angesprochene fühlt. Ihm versucht gerade jemand zu unterstellen, er wäre krank, schwach und daher vielleicht nicht in der Lage, seine Arbeit gut zu erledigen – ein deutlicher Versuch, den Status des anderen zu senken. Der Angesprochene, nennen wir ihn Kollege A, könnte sich z. B. im Stuhl zurücklehnen, um souveräner zu wirken und jetzt etwas entgegensetzen, um seinen Status wieder zu heben: „Ich sehe immerhin besser aus als du letzte Woche!" oder „Soweit ich weiß, schätzt unser Chef eher die blassen, überarbeiteten Typen als die aus dem Solarium." Der Kollege B würde sich daraufhin auch im Stuhl zurücklehnen, die Arme hinter seinem Kopf verschränken, um betont gelassen zu wirken, und antworten: „Ich wusste gar nicht, dass du dir so viele Gedanken darüber machst, welche Typen unser Chef bevorzugt." Kollege A wiederum könnte sich, ohne den anderen eines Blickes zu würdigen, seiner Arbeit widmen und sagen: „Im Gegensatz zu dir versuche ich eben nicht, alles auf die leichte Schulter zu nehmen."

Wer am Ende der Gewinner dieser Auseinandersetzung ist, spielt für uns keine Rolle, viel interessanter ist: Wir haben es hier mit einem Statusspiel zu tun – ein Spiel, das man auch als „Machtspielchen" oder „Kompetenzgerangel" kennt und das so alt ist wie der Kampf um den schönsten Mammutknochen oder den besten Platz am Feuer – und das meist mit Hilfe deutlicher körpersprachlicher Signale gespielt wird.

Den richtigen Status einnehmen

Beispiel: Im Tiefstatus geblieben

 Herr Brenner ist ein langjähriger und erfahrener Mitarbeiter in einem großen Kaufhaus. Er verkörpert den typischen Tiefstatus: Seine Körperhaltung ist leicht gebeugt, er ist sehr zuvorkommend, wirkt gehetzt und spricht leise. Da übernimmt Herr Brenner die Abteilung Haushaltsgeräte als Abteilungsleiter und hat somit eine Führungsaufgabe. Doch wenn Herr Brenner Arbeitsanweisungen gibt, signalisiert sein Körper alles andere als Souveränität und Sicherheit. Seine Mitarbeiter haben sichtlich Schwierigkeiten, ihren ehemaligen Kollegen als Vorgesetzten zu akzeptieren.

Jeder Mensch hat einen Lieblingsstatus, aus dem er handelt. Muss er aus einem bestimmten Grund einen anderen Status einnehmen, fühlt er sich unwohl und verunsichert. Vor allem Hochstatus-Menschen fällt es sehr schwer sich umzustellen, denn sie fühlen sich in allen Situationen als Held. Doch auch der umgekehrte Wandel aus dem Tiefstatus in den Hochstatus kann, wie wir am Beispiel von Herrn Brenner sehen, sehr schwer fallen.

Eine Führungskraft sollte einen höheren Status einnehmen können, um Entscheidungen oder Anweisungen durchzusetzen. Und auch Herr Brenner muss lernen, wie er aus dem Hochstatus heraus agieren und führen kann.

Körperhaltung, Bewegung und Stimme zeigen an, welchen Status jemand gerade einnimmt. Den Hoch- oder Tiefstatus eines Menschen erkennen Sie sogar am Strand oder in der Sauna – allein an der Körpersprache.

Den Status erkennen

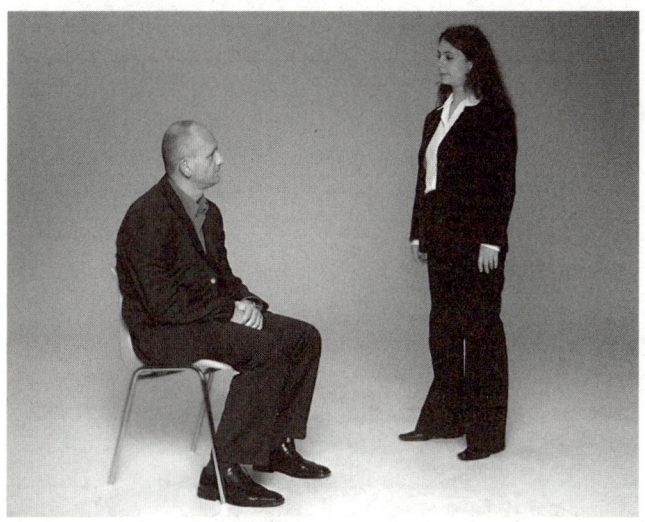

Die stehende Person nimmt den Hochstatus ein. Das erkennen Sie an folgenden Zeichen:

- die aufrechte Körperhaltung, sie ist Raum einnehmend und signalisiert: „Das hier ist mein Territorium!"

- guter Stand, d.h. mit beiden Beinen fest auf dem Boden und ein aufrechter Körper, selten Standbein-Spielbein-Haltung,

- große und klare Gesten,

- ein direkter, herausfordernder Blick und ein unbewegter Kopf beim Sprechen,

- die Bewegungen des gesamten Körpers sind langsam und sparsam oder klar und energisch.

Hier nimmt die stehende Person den Tiefstatus ein. Ob sich jemand im Tief- oder im Hochstatus befindet, hat nämlich nichts damit zu tun, ob er sitzt oder steht. Die Kennzeichen des Tiefstatus sind:

- gebeugte Haltung, hängende oder eingezogene Schultern,
- zögerliche Gangart,
- unsicherer, geschlossener Stand mit oft nach innen gedrehten Füßen,
- kleine, schnelle oder wenige Gesten, die Unsicherheit vermitteln, wie z. B. die Mundschutzgeste,
- Blick von unten nach oben,
- leises Sprechen, nervöses Lächeln oder Räuspern,
- die Person überlässt den anderen den Raum.

Der angemessene Status

Beispiel: Der falsche Status

 Herr Petzold ist Außendienstmitarbeiter eines Maschinenherstellers und besucht Herrn Bach, den Geschäftsführer einer Druckerei. Herr Petzold betritt den Besprechungsraum mit großen Schritten, strahlt den Kunden freudig an und streckt als Erster die Hand zum Begrüßen aus. Er rückt sich den Stuhl zurecht und beginnt mit viel Elan von den Vorzügen der neuen Maschinen zu erzählen. Er hofft, Herrn Bach für die gesamte Erneuerung des Maschinenparks zu gewinnen. Doch das Verkaufsgespräch verläuft zäh, der Kunde zögert und ist eigentlich nicht bereit, viel zu investieren.

Der Außendienstmitarbeiter hat sofort den höheren Status eingenommen, obwohl er zu Gast bei seinem Kunden war. Er hätte z. B. Herrn Bach die Entscheidung überlassen sollen, wo er sich hinsetzt. In jeder Handlung, die er durchgeführt hat, war er dominant und hat dem Kunden keinen Raum gelassen.

Manchmal ist tief besser als hoch

Tiefstatus muss nicht negativ sein. Es kommt immer auf die Situation an. Souveränität beweisen Sie, wenn Sie Ihren Status der Situation anpassen können. Wenn Sie z. B. mit einem dominanten Kunden ein Gespräch führen, nehmen Sie ihm gegenüber den tieferen Status ein. Vermeiden Sie, Ihre Person und Ihr Wissen in den Vordergrund zu stellen – das wird den Verkaufserfolg fördern. In Meetings oder Mitarbeitergesprächen kann es von Vorteil sein, dass eine Führungskraft dem Mitarbeiter gegenüber einen tieferen Status einnimmt, sich zurücknimmt, dem Mitarbeiter den Raum überlässt und zuhört. Der Mitarbeiter nimmt automatisch den höheren Status ein, er hat den Raum, sich mitzuteilen. So kann eine schwierige Sachlage oder ein Konflikt schneller geklärt werden.

Versuchen Sie, eine Stunde lang den Status einzunehmen, den Sie sonst wenig leben, und nehmen Sie wahr, wie die Menschen auf Sie reagieren. Gehen Sie auf die Straße oder an einen Ort, wo viele Menschen sind. Nehmen Sie die Körperhaltungen ein, die wir als Merkmale für Hochstatus oder Tiefstatus beschrieben haben. Nehmen Sie wahr, wie Sie sich fühlen. Beobachten Sie die Reaktionen, die Sie auslösen.

Warum Kundenorientierung so schwierig ist

Die meisten Menschen versuchen den Tiefstatus zu vermeiden, weil sie lieber selbst über sich und andere bestimmen wollen. Gerade in vielen Dienstleistungsunternehmen ist der Servicegedanke nicht besonders ausgeprägt, da Verkäufer oder Berater nicht „dienen" wollen.

Beispiel: Verkäufer im Hochstatus

Herr Alt geht in ein Kaufhaus und sucht nach einem CD-Player. Der Verkäufer räumt jedoch Kisten aus und beachtet den Kunden nicht. Auf die Frage des Kunden antwortet er: „Das macht mein Kollege!"

Frau Otto will eine Überweisung tätigen, doch der Bankmitarbeiter seufzt und verdreht die Augen, weil sie scheinbar nicht in der Lage ist, den Auftrag am Terminal selber zu erledigen und er Mehrarbeit hat.

Herr Hoch möchte sich im Reisebüro nach einer Sprachreise erkundigen. Die Angestellte wollte eigentlich gerade in die Mittagspause gehen und bedient ihn lustlos.

In allen Situationen ist der Verkäufer oder Berater ganz klar im Hochstatus und zwingt seinen Kunden in den Tiefstatus. Er gibt ihm nicht zu verstehen, dass er willkommen ist, sondern dass er ein Störfaktor ist. Wirklich kundenorientiert werden Sie als Dienstleistender erst dann auftreten, wenn Sie auf den Hochstatus verzichten und den tieferen, dienenden Status akzeptieren.

> Schenken Sie dem Kunden den Hochstatus! So können Sie am besten auf seine Bedürfnisse eingehen, ihn besser zufriedenstellen, Geschäfte erfolgreicher abschließen und Stammkunden gewinnen.

Frauen und Männer

Gibt es typisch weibliche oder typisch männliche Gesten? Sicherlich gibt es Unterschiede, die je nach kultureller Herkunft oder Erziehung mehr oder weniger ausgeprägt sind. Frauen setzen, wenn es nicht anders geht, gerne ihren Charme ein, doch nicht immer trifft der erhoffte Erfolg ein. Männer dagegen versuchen oft mit ausgeprägt dominanten Körperhaltungen oder Gesten ihren Willen durchzusetzen oder ihre Kompetenz zu beweisen. Nun, nicht alle Gesprächspartner lassen sich davon beeindrucken.

Frauen, die Führungsaufgaben übernehmen, tendieren manchmal dazu, weiterhin im Tiefstatus zu agieren. Es fällt ihnen schwer, sich den Raum zu nehmen, der ihnen zusteht. Sie sprechen leiser als Männer oder verwenden typische weibliche Tiefstatus-Gesten, wie z.B. einen leicht gebeugten Oberkörper, eine geschlossene und verdrehte Körperhaltung oder Mundschutzgesten, die Unsicherheit vermitteln.

Manchen Frauen fällt es schwer, körperliche Signale zu senden, um ihren „Standpunkt" durchzusetzen. Sie lernen als Mädchen, dass sie „ertragen" sollen und dass es nicht unbedingt wichtig ist, sich durchzusetzen. Männer lernen oft schon als kleine Jungs, dass sie fordern dürfen. Dieses Selbstverständnis setzt sich im Berufsleben fort – und das zeigt sich natürlich in ihrer Körpersprache. Für Frauen, denen es schwer fällt, sich durchzusetzen, heißt dies aber nicht, die Körperhaltung und großen Gesten eines dominanten Kollegen nachzuahmen. Besser ist es, durch eine aufrechte Körperhaltung, einen offenen Blick und klare Gesten Ruhe und Gelassenheit auszustrahlen. Mehr dazu, wie Sie authentischer auftreten und Präsenz gewinnen, finden Sie im Kapitel „Ihr authentischer Auftritt – von erfolgreichen Schauspielern lernen."

Territorien

Jeder von uns weiß, wie unangenehm es ist, zusammen mit anderen, uns fremden Menschen in einem Lift dicht gedrängt nebeneinander zu stehen. Wir versuchen uns dann körperlich abzugrenzen, indem wir den Blickkontakt vermeiden – die Stockwerksnummern oder das Schild des Liftherstellers erscheinen uns auf einmal spannend wie ein Krimi.

Distanz und Nähe

Alle Menschen haben eine Intimzone um sich herum und wir empfinden es als höchst unangenehm, wenn uns jemand, den wir nicht kennen oder nicht mögen, zu nahe kommt. Die

Distanz zwischen Menschen sagt viel über deren Beziehung aus. Deshalb erkennen wir auf der Straße sofort, ob zwei Menschen eine distanzierte, eine geschäftliche oder eine persönliche Beziehung haben. Je höher der Status eines Menschen ist, desto größer ist das Territorium, das er beansprucht. In den westlichen Kulturen kann man folgende Abstandszonen feststellen:

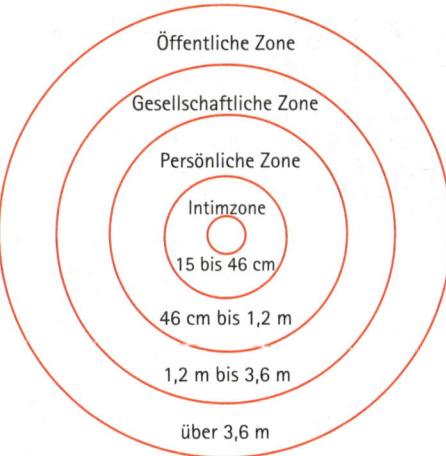

Beachten Sie die Intimzone Ihres Gegenübers

Überschreiten wir diese Grenzen, vor allem die der Intimzone, fühlt sich unser Gesprächspartner bedrängt oder verstimmt. Das Eindringen in das Territorium eines anderen kann als ein Vertrauenshinweis verstanden oder aber als Bedrohung wahrgenommen werden und Aggressionen auslösen.

Der Vorgesetzte beugt sich über die Teamassistentin, um ihr etwas zu erklären. Dabei dringt er in ihr Territorium ein. Er stützt sogar seine Hand auf ihren Tisch, was Besitzanspruch signalisiert.

Die Assistentin fühlt sich bedrängt und zieht sich zurück. Durch die Missachtung des Territoriums macht der Vorgesetzte die Kommunikation zwischen den beiden unmöglich. Die Teamassistentin ist eigentlich mehr damit beschäftigt, das Gefühl von Bedrängnis zu bekämpfen, als sich auf die Worte ihres Vorgesetzten zu konzentrieren.

Die Tischmitte stellt oft eine unsichtbare Grenze der jeweiligen Intimzone dar. Halten Sie also den richtigen Abstand zu Ihrem Gesprächspartner ein.

Wenn Ihr Gegenüber bei einen Gespräch seinen Körper zurücklehnt oder einen Schritt nach hinten macht, versucht er sich vielleicht gerade Platz und Luft zu verschaffen, weil Sie ihm zu nahe gekommen sind. Auch mit Berührungen sollten Sie vorsichtig sein: Berühren Sie einen Mitarbeiter, Arbeitskollegen oder einen Kunden nicht spontan z. B. am Oberarm oder an der Schulter, auch wenn Sie sich schon länger kennen. Ihr Gegenüber kann sich bedrängt fühlen, obwohl Sie es eigentlich freundschaftlich meinen.

Körpertypen

Hinter etwas flapsigen Bezeichnungen wie „Zappelphilipp" für einen nervösen und überspannten Menschen oder „Schlafmütze" für einen kraftlosen, etwas schlapp wirkenden Zeitgenossen, verbirgt sich eine alte Wahrheit: Jeder Mensch wird in seinem körperlichen Ausdruck nicht nur von genetischen oder kulturellen Anlagen bestimmt, sondern im Laufe der Jahre von verschiedenen Erfahrungen, Gedanken und Emotionen geprägt. Ein Machtmensch, auch wenn er von der Statur her klein ist, strahlt mit seiner Gangart, Mimik und Gestik eine große Kraft und Entschlossenheit aus. Ein vorsichtiger Mensch bewegt sich nur zögerlich auf der Bühne des Lebens und beobachtet kritisch die Welt um sich herum.

Menschen entsprechen in ihrem Verhalten nie genau einer Typologie, doch es lassen sich immer einige ausgeprägte Eigenschaften feststellen, die uns erlauben, unsere Gesprächspartner einem bestimmten Körpertyp zuzuordnen. Eine solche Typologie ist gerade beim ersten Kundenkontakt oder bei einem Vorstellungsgespräch sehr hilfreich, wenn wir noch sehr wenig über unser Gegenüber wissen.

Der Dominante

Körpersprachlich ausgedrückt hat der Dominante alles „im Griff". Er ist an der Erhaltung seiner Macht interessiert, übernimmt gerne Verantwortung, trifft klare Entscheidungen und will schnelle Ergebnisse erzielen. Er schätzt Treue und erkennt die gute Leistung der anderen an, solange sie seine Position stärken und nicht bedrohen. Konkurrenz wird rechtzeitig ausgeschaltet. Sein Motto: Ich weiß, was ich will, und ich werde alles dafür tun! Seine Eigenschaften sind

- ein stechender, prüfender Blick,
- sparsame Mimik,
- eine gestreckte, beinahe starre Körperhaltung,
- knappe, sparsame Gesten,
- ein formelles Auftreten.

Sie sollten

- seinen Status respektieren,
- höflich und sparsam in der Mimik sein,
- aufmerksam zuhören – darauf kommt es vor allem an,
- eine wache, aufrechte Körperhaltung einnehmen,
- vermeiden, locker zu wirken – das wird ihn beleidigen,
- vermeiden, unterwürfig zu wirken, er hasst „Waschlappen".

Vorsicht! Ein Dominanter hält sich für einen guten Menschenkenner. Er übernimmt auch gerne die Rollen der anderen Grundtypen, um sein Gegenüber zu prüfen.

Der Genaue

Er ergründet, durchleuchtet und überprüft. Er ist an Informationen interessiert und investiert dafür gerne Zeit und Energie. Er möchte keine Fehler machen und erwartet von sich und anderen hohe Qualität. Er arbeitet gerne alleine, will nicht gestört werden. Er schätzt Neugier und Gründlichkeit. Motto: Eins nach dem anderen und nicht zu schnell. Seine Eigenschaften sind

- eine höfliche und respektvolle Begrüßung,
- ein forschender, manchmal misstrauischer Blick,
- ordnende und minimale Gestik,
- eine leicht nach vorne gebeugte „prüfende" Körperhaltung,
- ein freundliches, aber abwartendes Lächeln.

Sie sollten

- mit offenen und ruhigen Gesten signalisieren, dass Sie nichts zu verbergen haben,
- durch Ihre Körperhaltung andeuten, dass Sie viel Zeit mitgebracht haben,
- sich nicht zu hektisch bewegen – Gesten, die Ungeduld signalisieren, sind verhängnisvoll,
- wach und interessiert blicken,
- keine Bange vor dem eigenen Einsatz kritischer Körpersignale haben, wie z. B. leichtes Stirnrunzeln,
- große, ausladende Gesten vermeiden – das macht ihn misstrauisch, er vermutet, Sie wollen ihn täuschen,
- zu kleine und zaghafte Gesten vermeiden – er denkt, Sie wollen ihm etwas vorenthalten.

Der Macher

Er ist vor allem an Bewegung interessiert. Alles, was statisch wirkt, schreckt ihn ab. Immer in der Vorwärtsbewegung, immer auf der Suche nach Gleichgesinnten, die bereit sind mit anzupacken, fühlt er sich sehr wohl in seinem Körper. Er schätzt Mut und Risikobereitschaft. Er lebt in der Zukunft und hat Visionen, die ihn treiben. Sein Motto: Ich sehe schon vor mir, wie unser Unternehmen in 10 Jahren sein wird. Seine Eigenschaften sind

- eine freundliche Begrüßung, begleitet von kraftvollem Händedruck,
- eine laute und angenehme Stimme,
- ein direkter Blick,
- aufrechte Körperhaltung,
- geschmeidige, energische Gesten.

Sie sollten

- nicht unterspannt auftreten,
- eine konfrontative Haltung vermeiden – obwohl er Wettbewerb und Kampf schätzt,
- seine direkten Blicke offen und neugierig entgegnen,
- ruhig Ihre Körperhaltung und Gesten der vitalen Dynamik seines Körpers anpassen,
- nicht übereifrig werden – er mag kein Strohfeuer und keine Mitläufer,
- zaghafte und kritische Gesten wie „Mund bedecken" oder „Verschränken der Hände und Arme" vermeiden – er erträgt weder Zögern noch Skepsis.

Der Zwischenmenschliche

Er legt vor allem Wert auf ein freundliches und herzliches Miteinander. Er baut Vertrauen und Sympathie auf und genießt den Kontakt mit den anderen Menschen. Er achtet die Emotionen der anderen und erwartet das Gleiche von seinem Gegenüber. Er zeigt seine Gefühle und teilt sich gerne mit. Sein Motto: Mir ist es wichtig, dass wir uns gut verstehen. Seine Eigenschaften sind

- eine herzliche Begrüßung,
- ein freundlicher Blick,
- offene, einladende Gesten,
- eine lebhafte Sprechweise und ein angenehmer Ton,
- eine entspannte, oft legere Körperhaltung.

Sie sollten

- keine abgehackten Gesten ausführen und keine starre Körperhaltung einnehmen,
- einstudierte und gekünstelt wirkende Mimik und Gestik vermeiden – er hasst Verstellung,
- sich nicht überheblich geben – Machtmenschen sind ihm zuwider,
- sich nicht verschlossen oder kritisch geben – er fasst es als Ablehnung seiner Person auf,
- entspannt und gelassen sein – lehnen Sie sich zurück!,
- viel lächeln und zeigen, dass Sie gerne zuhören und sich auch gerne mitteilen.

Der Schüchterne

Er ist unauffällig in seinem Auftreten und reagiert äußerst sensibel. Er wird vom Leben getrieben, hat eigentlich keinen richtigen Plan. Er ist dankbar für Hilfe, doch reagiert er störrisch bis aggressiv, wenn man versucht, ihn zu bevormunden. Er braucht Ruhe und Sicherheit und schätzt einen guten Stil und Höflichkeit. Sein Motto: Wem kann ich trauen? Seine Eigenschaften sind

- höfliche, doch zaghafte Begrüßung,
- ein unsicherer, oft verhuschter Blick,
- eine leise, stockende Stimme,
- unterspannte oder verkrampfte Körperhaltung,
- kleine zögerliche Gesten, er weiß oft nicht wohin mit den Händen,
- schützende oder kritische Gesten, er nestelt manchmal an seinem Gesicht oder spielt mit Gegenständen.

Sie sollten

- nicht laut und freimütig auftreten,
- alle Körperbewegungen, die kantig, grob oder zu schnell sind, vermeiden,
- ihn sehr freundlich begrüßen,
- ihm Sicherheit und Ruhe vermitteln,
- ruhige und fließende Gestik benutzen,
- mit einer warm klingenden Stimme sprechen,
- eine entspannte Körperhaltung annehmen,
- es sich nicht zu bequem machen – der Schüchterne ist ein misstrauischer Mensch und wird eine Falle wittern.

Ihr authentischer Auftritt – von erfolgreichen Schauspielern lernen

Schauspieler sind Meister der Körpersprache aus Leidenschaft. Gute Schauspieler lieben wir, weil sie uns begeistern und berühren. Wie sie das schaffen und was *Sie* im ganz normalen Leben davon gebrauchen können, erfahren Sie im folgenden Kapitel.

Sie lesen hier, wie Sie

- Raum einnehmen und präsent sind,
- die Rollen wechseln,
- die Motive Ihres Handelns klären,
- Emotionen bewusst ausdrücken.

Raum einnehmen und präsent sein

Der berühmte französische Filmregisseur Jean Pierre Melville, bekannt für Filme wie „Vier im roten Kreis" und „Der eiskalte Engel", führte auf folgende Weise ein Casting für Schauspieler durch: Er mietete eine große, leere Fabrikhalle und setzte sich hinter einen Tisch, der möglichst weit entfernt von der Eingangstür war. Die Schauspieler mussten also eine ziemlich große Entfernung durch einen leeren Raum zurücklegen, um Melville zu erreichen. Noch bevor er mit ihm ein einziges Wort gewechselt hatte, wusste der Regisseur bei jedem Bewerber, ob er die perfekte Besetzung für einen seiner Filme gefunden hatte oder nicht. Unter denjenigen, die den Test glänzend bestanden haben, waren die späteren Weltstars Jean Paul Belmondo und Alain Delon. Was haben die anderen Schauspieler falsch gemacht?

Viele der Bewerber waren von der Größe des Raumes beeindruckt und blieben an der Türschwelle verunsichert stehen. Einige sind entschlossen durch die Tür getreten, doch dann, auf dem halben Weg, verloren sie den Mut und ihre Schritte wurden zögerlich. Andere schlichen sich förmlich an den Wänden entlang, statt den direkten Weg zu wählen. Alle, die den scheinbar einfachen Test nicht bestanden haben, begingen einen unverzeihlichen Fehler: Sie wollten sich *unsichtbar* machen.

So machen es die Schauspieler

Guten Schauspielern reicht oft nur eine bestimmte Körperhaltung oder eine kleine Geste, um damit eine Figur zu „verkörpern". Ohne Worte können sie die inneren Motive und

Gedanken eines Menschen *sichtbar* machen. Sie wissen ganz genau, welche Wirkung ein gehetzter oder schleppender Gang, ein fiebriger oder prüfender Blick haben. Sie wissen, dass der Körper mehr über eine Figur und die Beziehung zwischen den Figuren erzählt als Worte. Jeder von uns erinnert sich an den watschelnden Gang von Charlie Chaplin, sein mal fröhliches, mal verlegenes Kreisen mit dem Spazierstock, oder an die langsamen, bedrohlichen Gesten von Marlon Brando aus dem „Paten". Dieses Bewusstsein für die Kraft der Körpersprache ermöglicht einem Schauspieler die Präsenz: Wir nehmen die Figur, die er darstellt, als eine Persönlichkeit wahr – mit ihren Eigenheiten, Stärken, Schwächen, Absichten oder Ängsten.

Gute Bühnendarsteller können durch ihren körperlichen Ausdruck den Raum „erschaffen", in dem sie sich bewegen: Wir begreifen recht schnell, ob eine Figur auf einer windigen Anhöhe steht oder in einer kleinen Hütte hockt – auch ohne naturalistisches Bühnenbild. Wenn sich ein Schauspieler biegt, als wollte er sich ganz leicht machen, wenn er vorsichtig die Arme zur Seite streckt und achtsam mit gespanntem Blick nach unten über den Boden schreitet, haben wir den Eindruck, er würde über eine zerbrechliche Bodenfläche laufen, einen eingefrorenen See möglicherweise. Flaniert er ruhig und entspannt, mit hinter dem Rücken verschränkten Armen, sieht sich mit glücklicher Miene um und zieht tief durch die Nase Luft ein, entstehen in unserem Kopf sofort Bilder von einem See- oder Waldspaziergang. Das heißt: Durch ihre körperliche Präsenz erschaffen gute Schauspieler eine Welt! Sie bestimmen den Raum – und nicht der Raum sie.

So gewinnen Sie Präsenz

Beispiel: Der übermächtige Raum

 Herr Neumann hat schon lange auf den bevorstehenden Termin mit einem seiner Kunden, Herrn Ludwig, gewartet. Er betritt das repräsentative Firmengebäude und wird in Herrn Ludwigs großräumiges Büro geführt. Die Räume beeindrucken ihn. Er spürt, wie sein Selbstbewusstsein schwindet, wie sich seine Schultern und sein Nacken verspannen, sich die Hände verkrampfen. Als Herr Ludwig den Raum betritt und ihn begrüßt, bringt er nur noch ein aufgesetztes Lächeln zustande, seine Stimme ist unklar und leise. Eigentlich würde er am liebsten wieder gehen ...

Herr Neumann hat sich von den ungewohnten und beeindruckenden räumlichen Verhältnissen einschüchtern lassen. Sein Körper hat darauf quasi mit „sich kleiner machen" reagiert. Wie gewinnt man in einer solchen Situation seine Präsenz und damit die Souveränität zurück?

Aufrichten und den Raum ausfüllen

Wenn Sie merken, dass Sie überrollt werden, machen Sie es wie die Schauspieler:

- Während Sie auf Ihren Termin warten, richten Sie Ihren Oberkörper auf und lockern Sie Nacken und Gesicht.

- Stellen Sie sich vor, Sie wären eine Marionette, deren Fäden losgelassen wurden. Atmen Sie tief aus, und entspannen Sie kurz die Muskeln, dann richten Sie sich mit dem Einatmen auf und nehmen Sie die aufrechte und aufgeschlossene Haltung ein, atmen Sie wieder aus.

- Sehen Sie sich die Umgebung mit einem offenen und neugierigen Blick an.

- Versuchen Sie sich vorzustellen, dass Ihr Körper feine Lichtstrahlen ausstrahlt, schicken Sie die Strahlen durch den ganzen Raum.

- Stellen Sie sich eine Situation vor, die Ihnen Kraft und Ruhe gibt, oder denken Sie an ähnliche Situationen, die Sie schon mit Erfolg gemeistert haben.

Das sollten Sie nicht tun

- Klammern Sie sich nicht an Möbeln fest und suchen Sie nicht gleich eine Gelegenheit zum Sitzen. Schleichen Sie nicht an den Wänden entlang.

- Vermeiden Sie hektische und nervöse Gesten, das senkt Ihren Status und verunsichert Ihren Gesprächspartner.

- Begegnen Sie einer unbekannten Person nicht mit übermäßiger Freundlichkeit oder mit Gesten und Körperhaltung, die misstrauisch und verschlossen wirken.

So bereiten Sie sich auf wichtige „Auftritte" vor

Bevor Sie einen unbekannten Raum betreten, um eine Rede zu halten oder an einem Meeting teilzunehmen, machen Sie sich, wenn möglich, vorher mit dem Raum vertraut. Durchqueren Sie den Raum, nehmen Sie kurz da Platz, wo Ihre Zuhörer oder Gesprächspartner sitzen werden. Wird sich Ihr Gegenüber auf dem Platz wohl fühlen? Falls möglich verschieben Sie Stühle oder Tische. Richten Sie den Raum so ein, dass Sie sich sicher und kraftvoll fühlen. Probieren Sie aus, wie Ihre Stimme in dem Raum klingt.

Die Rollen wechseln

Ein Schauspieler muss an einem Tag oft verschiedene Rollen spielen. Am Vormittag hat er vielleicht eine romantische Komödie für das Kino gedreht und am Abend spielt er im Theater eine Tragödie. Manche Theaterstücke basieren sogar auf dem Effekt des Rollenwechsels: Ein Schauspieler schlüpft vor den Augen seines Publikums in völlig verschiedene Rollen. Der Erfolg dieser Stücke hängt davon ab, wie überzeugt und authentisch der Wandel gespielt wird.

Beispiel: Rollenwechsel ohne Spuren

 Frau König ist Teamleiterin in der Vertriebsabteilung. Gerade kommt sie von einem schwierigen Mitarbeitergespräch und muss gleich zu einem wichtigen Kundentermin, bei dem sie ein neues Produkt vorstellen möchte. Frau König sieht man das letzte Gespräch noch an, sie wirkt angestrengt, in Gedanken ist sie noch bei der Auseinandersetzung und ihrer strengen Haltung gegenüber dem Mitarbeiter.

Frau König hat Schwierigkeiten, sich von ihrer letzten Rolle als Teamleiterin zu lösen und nun eine neue Rolle im Kundenkontakt einzunehmen. Sie müsste sich dafür vom Hochin den Tiefstatus begeben, ihre kritische innere Haltung gegen eine offene und freundliche Haltung „austauschen", ihre Gedanken und Gefühle der neuen Situation anpassen – dies alles gehört zum Rollenwechsel. Was kann sie tun? Wer sich innerlich schnell von der Letzten, vielleicht nervenaufreibenden Situation lösen will, der findet Hilfe bei seinem Körper, indem er zunächst entspannt, um dann wieder neue Spannung aufzubauen:

- Lassen Sie zunächst die „Luft raus", indem Sie eine Atemübung machen, und lockern Sie Ihre Muskeln.

- Beugen Sie Ihren Oberkörper, so weit es geht, nach unten, dann richten Sie ihn ganz langsam wieder auf, Wirbel für Wirbel. Sie stehen jetzt ganz aufrecht da.

- Jetzt beginnen Sie, wieder Körperspannung aufzubauen, indem Sie sich vorstellen, welche Situation als nächste kommen wird. Räkeln und strecken Sie sich dabei, spannen und entspannen Sie Ihre Muskeln, wenn es Ihnen danach ist, gähnen Sie.

- Heben Sie Ihre Augenbrauen hoch und sehen Sie sich neugierig im Raum um.

- Kneifen Sie Ihre Pobacken zusammen, so als würden Sie etwas festhalten wollen. Das Becken wird so nach vorne geschoben und Sie haben einen sicheren Stand.

- Halten Sie Ihren Kopf ruhig, wenn Sie ernsthaft erscheinen wollen. Achten Sie darauf, dass Sie eine offene Körperhaltung einnehmen.

Sie können einen Rollenwechsel perfekt beherrschen und trotzdem authentisch bleiben.

Motiv und innere Haltung klären

Die Veränderung der Körperhaltung reicht manchmal nicht aus. Das Rezept für einen erfolgreichen Auftritt liegt in Ihrer inneren Einstellung verborgen. Ein berühmter russischer Schauspiellehrer, Konstantin Stanislawski, ließ seine Schüler folgende Übung machen:

Er bat sie, auf die Bühne zu kommen und nach einem imaginären Schatz zu suchen. Die Schüler stürzten sich ins Geschehen, liefen aufgeregt und laut rufend umher und durchsuchten einige Male die dunkelsten Ecken der Bühne. Nach ein paar Minuten standen sie ratlos da, mit dem Gefühl, dass ihre Vorstellung konfus und ohne Spannung ausgefallen war. Und Sie hatten Recht: Da sie vor allem damit beschäftigt waren, die Schatzsuche darzustellen, also bloß zu „spielen", waren ihre Handlungen unglaubwürdig. Erst nachdem der Lehrer den Schauspielern mitteilte, dass er einen echten Geldschein versteckt hat, wurde ihre Darstellung glaubwürdig und spannend. Ihre Körper wirkten im Raum präsent, ihre Gesichter hochkonzentriert, jeder Gang und jede Geste war einem einzigen Motiv zugeordnet: der Suche. Sie hatten das Grundprinzip der Bühnenpräsenz begriffen: Ein klares Motiv bestimmt eine klare Körpersprache.

Die Darstellung eines Charakters ist selbstverständlich viel komplexer als diese einfache Aufgabe. Doch das Bewusstsein darüber, wie viel eine einfache Geste oder Körperhaltung ausdrücken kann, verbunden mit dem Wissen um die Motive der Figur, machen einen Schauspieler erst zu einem Meister seines Fachs. Jeden Tag stellt er sich die gleiche Frage: „Was will die Figur, die ich verkörpere, und was will sie nicht?" Wenn diese Frage nicht geklärt ist, wirkt der Auftritt diffus und uninteressant.

Das Spiel zwischen innen und außen

Damit Sie authentisch und überzeugend auftreten können, muss das Zusammenspiel zwischen der inneren und äußeren Haltung stimmen. Unsere innere Einstellung kann die Körpersprache verändern und ebenso kann die Veränderung der Körperhaltung unsere innere Haltung beeinflussen. Ein Kreislauf, der sich unentwegt gegenseitig befruchtet.

Von innen nach außen

Unsere Körpersprache ist eine unverfälschte Sprache. Versuchen wir, unserem Gesprächspartner etwas vorzuspielen, was mit unserer inneren Überzeugung nicht übereinstimmt, riskieren wir unsere Glaubwürdigkeit. Verwenden Sie z. B. Gesten und eine Mimik, die selbstsicher wirken sollen, während Sie selbst an das Gesagte wenig glauben, könnten Ihre Gesten unnatürlich und aufgesetzt wirken.

> Authentisch auftreten ist eine Kunst, die Sie nur dann lernen und einsetzen können, wenn Sie versuchen, Ihre Körpersprache immer mit Ihrer inneren Haltung in Einklang zu bringen.

So werden Sie authentisch

Bevor Sie als Vorgesetzter vor Ihre Mitarbeiter treten oder vor mehreren Zuschauern Ihr Projekt oder Produkt präsentieren, müssen Sie sich eine ähnliche Frage stellen wie die Schauspieler: Was möchte ich mit meiner Aussage oder mit meinem Auftritt erreichen? Klären Sie vor jedem wichtigen Gespräch Ihr Motiv: Warum führen Sie das Gespräch und was wollen Sie damit erreichen? Versuchen Sie herauszufinden, welche innere Haltung mit diesem Zweck verbunden ist, welche Emotionen sich für Sie mit dem Gespräch verbinden – und welche davon Sie nach außen transportieren möchten. Finden Sie heraus: Möchten Sie z. B. begeistern, ermahnen, loben, zustimmen, ablehnen, für sich werben, Ihre Meinung durchsetzen oder lediglich informieren?

Was bedeutet dies für Ihren „Auftritt"?

- Ihre innere Haltung bestimmt Ihre Körpersprache. Klären Sie vorher, was Sie bei Ihrem Gegenüber erreichen wollen.

- Ihre Motive sollten durch Ihre Körperhaltung, Mimik und Gestik sichtbar werden. Es reicht nicht, dass Sie nur daran glauben, wovon Sie gerade reden. Sie müssen es auch mit Ihrer Körpersprache vertreten.

- Wie die erfolgreichen Schauspieler sollten Sie Ihre Ideen verkörpern und mit jeder Faser Ihres Körpers zu Ihrer Meinung stehen.

- Unterstreichen Sie das Gesagte nicht mit gekünstelten Gesten, die Zuschauer werden es intuitiv wahrnehmen und Ihnen misstrauen.

- Sie wollen sich nicht bloß darstellen, sondern durch Ihre Körpersprache Ihre Meinung verdeutlichen. Sie wollen Menschen mitreißen und begeistern.

Von außen nach innen

Körpersprache kann jedoch manchmal auch wie Kleidung funktioniert: Jeder kennt den Effekt, den ein Kleidungswechsel auf uns hat, etwa vom legeren Sportoutfit in den schicken Anzug zu schlüpfen – mit dem Wechsel der Kleider ändern sich unsere Gefühle. Bei der Körpersprache verhält es sich ähnlich: Sie kann unsere innere Haltung beeinflussen. Probieren Sie es aus: Gehen Sie am Morgen ins Büro und blicken Sie finster und missgelaunt – Sie werden merken, wie Ihre Stimmung sinkt. Lächeln Sie hingegen jedem entgegen, der Ihnen begegnet, und gehen Sie leicht und schwungvoll – und Sie werden merken, wie Ihre Stimmung steigt. Sie sitzen wieder einmal mit verschränkten Armen im Meeting und beobachten die Kollegen? „Entschränken" Sie Ihre Arme und legen Sie sie entspannt auf die Oberschenkel – Sie werden merken, dass Sie aufnahmefähiger für die Informationen und Botschaften der anderen werden.

Was heißt das? Dass Sie durch die Änderung Ihrer körperlichen Ausdrucksformen Ihre innere Haltung beeinflussen können. Das funktioniert natürlich nur bis zu einem gewissen Maß – und Sie sollten sich der schmalen Gratwanderung bewusst sein: Beim bewussten Einsatz körpersprachlicher Mittel besteht die Gefahr, dass Sie nicht mehr authentisch auf andere wirken. Grundsätzlich können Sie aber auch hier neue Perspektiven gewinnen, wenn Sie es wagen, „eingefleischte" Körperhaltungen, Gestik oder Mimik zu ändern.

Keine Angst vor Emotionen

Erfolgreiche Schauspieler wissen, wie man Emotionen sichtbar macht. Ihr Körper ist darauf trainiert, „durchlässig" für Emotionen zu sein. Dadurch ist ihr Spiel spannend und sie berühren uns. Durch diese Emotionen wirkt ihr Auftritt authentisch und glaubwürdig.

Oft wird uns vorgegeben, vor allem in vielen beruflichen Situationen, unsere Emotionen zu unterdrücken. Doch unser Körper spielt dieses Spiel meist nicht mit. Er verrät uns. Wenn Sie andere überzeugen möchten, sollten Sie Ihre Emotionen bewusst ausdrücken:

- Klären Sie vorher nicht nur Ziele und Motive, sondern auch Emotionen, die Sie mit Ihrem „Auftritt" verbinden.

- Machen Sie für die anderen sichtbar, was Sie wirklich bewegt, nur so werden Sie authentisch und überzeugend wirken.

- Machen Sie sich Ihren Körper zum Verbündeten. Scheuen Sie sich also nicht, lebhaft zu gestikulieren, wenn Sie von etwas reden, das Ihnen wichtig ist.

- Versuchen Sie nicht, sich hinter einem Pokerface oder einem Sachverhalt zu verstecken.

- Achten Sie darauf, dass Sie keine Gesten benutzen, die nicht mit Ihren Emotionen übereinstimmen. Sie wirken sonst gekünstelt und unglaubwürdig.

Wie Sie Körpersprache gezielt einsetzen

Ob im Vorstellungsgespräch oder bei der täglichen Begegnung mit dem Vorgesetzten, Körpersprache ist immer im Spiel. Damit Sie in allen beruflichen Situationen souverän und überzeugend wirken oder einfach nur besser mit anderen kommunizieren – setzen Sie Ihren Körper ein!

In diesem Kapitel erfahren Sie, wie Sie Ihren Auftritt optimal gestalten

- in Vorstellungsgesprächen,
- zwischen Vorgesetzten und Mitarbeitern,
- unter Kollegen,
- bei Besprechungen,
- bei Präsentationen und Vorträgen,
- in Verkaufs- und Beratungsgesprächen.

Im Vorstellungsgespräch

Beispiel: Wie Körpersprache unbewusst wirkt

 Herr Gabriel ist Informatiker und hat ein Vorstellungsgespräch. Er besitzt eine hohe Fachkompetenz und bringt ausgezeichnete Arbeitszeugnisse mit. Das Vorstellungsgespräch läuft mittelmäßig, er weiß jedoch nicht wieso. Nach dem Gespräch geht der Personalchef in sein Büro zurück. Er ist verunsichert. Die Bewerbungsunterlagen sind professionell und Herr Gabriel verfügt über hervorragendes Fachwissen. Trotzdem glaubt er nicht, dass Herr Gabriel der Richtige für diese anspruchsvolle Führungsaufgabe ist. Wieso, kann er im Moment nicht sagen.

Was ist passiert? Herrn Gabriel war nicht klar, dass er sich nicht nur mit seinen Unterlagen bewirbt, sondern dass seine ganze Person einen Eindruck hinterlässt. Er hat die Macht der Körpersprache unterschätzt und nicht bemerkt, wie er mit eingefallenen Schultern und verschränkten Armen da saß und undeutlich vor sich hin gesprochen hat, manchmal so schnell, dass der Personalchef ihn nicht richtig verstehen konnte. Dieser hat dies zwar wahrgenommen – deshalb ist er verunsichert – er konnte sie jedoch nicht einordnen.

Was Sie als Bewerber tun können

Auch auf das Vorstellungsgespräch können Sie sich wie auf jeden anderen Auftritt vorbereiten. Es gibt verschiedene Aspekte, die Sie unbedingt beachten sollten. Denn es geht um Ihre persönliche „Vorstellung".

Die Vorbereitung: Wissen, um entspannt zu sein

- Legen Sie den Vorstellungstermin so, dass Sie entspannt und ausgeruht zum Gespräch kommen.

- Bereiten Sie sich gut vor: Lesen Sie z.B. aufmerksam die Website des Unternehmens. Wissen entspannt!

- Überlegen Sie sich genau, was Ihr Ziel ist und was Sie erreichen wollen (innere Haltung).

- Klären Sie für sich, wieso Sie genau zu diesem Unternehmen gehen wollen (innere Motive).

- Glauben Sie an sich selbst und an Ihre Fähigkeiten (innere Haltung).

Der Tag X kommt und Sie machen sich auf den Weg. Freuen Sie sich auf das Gespräch, denn Sie haben jetzt die Möglichkeit, Ihre Person und Ihr Können vorzustellen.

Der Anfang

Bevor Sie ins Zimmer treten, überlegen Sie sich genau, welchen ersten Eindruck Sie vermitteln wollen, Sie bestimmen ihn. Treten Sie selbstbewusst ins Zimmer ein und schauen Sie sich ruhig und souverän im Raum um. Lassen Sie sich von Ihrem Gesprächspartner zeigen, wo Sie sich hinsetzen können und überlassen Sie ihm die Initiative.

Versuchen Sie nicht den Raum zu dominieren, denn Sie sind bei einem Vorstellungsgespräch zu Gast! Der Bewerber, der zu gelassen wirkt, nimmt einen zu hohen Status ein, der ihm nicht zusteht. Er wirkt dadurch arrogant.

Vermeiden Sie, zögerlich oder unterwürfig zu wirken. Wenn Sie auf der Stuhlkante sitzen, wirkt das so, als hätten Sie keine Zeit oder würden sich nicht zutrauen, den Ihnen angebotenen Raum zu nehmen. Machen Sie sich nicht klein, schließlich wollen Sie den Job.

Dieser Bewerber wirkt anbiedernd oder übereifrig. Er ist nach vorne gebeugt und seine Hände sind verkrampft.

Mitten im Gespräch

- Lassen Sie den Gesprächspartner bestimmen, wie das Gespräch beginnt und überlassen Sie ihm den höheren Status. Ziehen Sie sich aber nicht in eine zu abwartende oder zu kritische Haltung zurück.

- Nehmen Sie eine entspannte und aufrechte Sitzhaltung ein (linkes Bild). Sie können die Beine übereinander schlagen, achten Sie jedoch auf eine offene Oberkörperhaltung. Halten Sie einen offenen und direkten Blickkontakt, schauen Sie auch manchmal wieder weg, so dass Sie nicht ins Anstarren kommen.

- Lassen Sie Ihren Gesprächspartner an Ihren Ideen teilhaben (rechtes Bild). Erzählen Sie von Ihren Vorstellungen und lassen Sie dabei auch Ihre Hände sprechen.

- Falls Ihr Gegenüber einem der Körpertypen entspricht, können Sie darauf reagieren (siehe Abschnitt „Körpertypen").

- Überlegen Sie sich immer wieder, ob Sie sich so verhalten, wie Sie es sich vorgenommen haben, ansonsten korrigieren Sie Ihren Kurs.

Die Verabschiedung

Genauso wichtig wie die Vorbereitung und der Anfang ist die Verabschiedung. Sie können mit einem vorschnellen Gewinnergefühl Ihren ganzen Auftritt „vermiesen".

- Halten Sie die Konzentration bis zum Ende des Gesprächs – immer mit Ihrem Ziel vor Augen.

- Verabschieden Sie sich wieder mit einem freundlichen und lebhaften Händedruck.

- Signalisieren Sie bis zum Ende Ihr Interesse und Ihre Aufmerksamkeit, indem Sie z.B. ein wichtiges Element aus dem Gespräch wiederholen. Ihr Gesprächspartner weiß so, dass Sie zugehört haben.

> Bleiben Sie authentisch und machen Sie keine einstudierten Bewegungen nach.

Aus der Sicht der Führungskraft

Es kann sehr schwierig sein, eine Stelle richtig zu besetzen. Viele Personalverantwortliche machen sich die Auswahl unter der meist großen Zahl an Bewerbern deshalb nicht leicht. Doch wie gelingt es, innerhalb der kurzen Zeit eines Vorstellungsgesprächs möglichst viel über den Bewerber zu erfahren? Für Sie als Führungskraft und Interviewer kann das bedeuten, den Bewerber so gut wie möglich körpersprachlich zu unterstützen. Nur dann erhalten Sie wertvollere Informationen über ihn.

Wie Sie den Bewerber unterstützen können

- Nehmen Sie sich Zeit für das Gespräch, damit Sie nicht hektisch oder angespannt wirken – das verunsichert.

- Laden Sie den Bewerber mit einer klaren Geste in den Raum ein, in dem das Gespräch stattfindet.

- Zeigen Sie dem Bewerber, wo er sich hinsetzen kann.

- Vermeiden Sie, Ihren höheren Status in den Vordergrund zu stellen.

- Schaffen Sie einen vertraulichen Rahmen.

- Hören Sie aktiv zu und signalisieren Sie mit Ihrer Körperhaltung Interesse, indem Sie körpersprachliche Signale des Zuhörens und Verstehens aussenden, wie Augenbrauen hochziehen, Nicken, Kopf etwas schräg halten, eine offene Haltung des Oberkörpers.

- Falls Sie merken, dass der Bewerber eine verkrampfte oder ängstliche Haltung einnimmt, versuchen Sie, ihn in eine andere Körperhaltung zu bewegen, indem Sie ihm etwas zu trinken anbieten, die Sitzordnung auflösen oder aufstehen und z. B. zum Fenster gehen.

Was Sitzordnung und Büromöbel bewirken

Sie können den Status einer Person selbst durch Ihre Büromöbel heben oder senken. Setzen Sie einen Bewerber auf einen einfachen Stuhl, während Sie auf einem Sessel mit hoher Rückenlehne sitzen, wird er sich nicht wohl fühlen.

Wollen Sie eine aufrechte und offene Atmosphäre schaffen, bieten Sie Ihrem Bewerber einen gleichwertigen Stuhl an.

- Verbarrikadieren Sie sich nicht hinter Ihrem Schreibtisch und vermeiden Sie eine konfrontative Haltung, indem Sie Ihrem Gegenüber den Oberkörper frontal und angespannt zuwenden. Das kann einen Bewerber verunsichern oder abschrecken.

- Lösen Sie Ihre konfrontative Haltung hinter dem Tisch auf, indem Sie sich Ihrem Gesprächspartner seitlich zuwenden oder setzen Sie sich zu ihm, über die Ecke schräg nebeneinander.

- Überprüfen Sie, ob Sie Ihr Büro nicht neu gestalten könnten und z. B. neben Ihren Schreibtisch einen kleinen runden Tisch für Besprechungen aufstellen könnten oder eine Art Konferenzkreis aus frei stehenden Stühlen einrichten können. Es gibt mittlerweile Spezialisten, die die Innenarchitektur der Büros auch unter dem körpersprachlichen Aspekt gestalten.

Zwischen Vorgesetzten und Mitarbeitern

Beispiel: Der unverstandene Mitarbeiter

 Frau Kalhammer, seit einigen Jahren Abteilungsleiterin im Bereich Produktion, führt jedes Jahr mit ihren Mitarbeitern ein Zielvereinbarungs- und Zielauswertungsgespräch. Seit sechs Monaten hat sie einen neuen Mitarbeiter, Herrn Sinz, dessen introvertierte und schüchterne Art sie nur schwer verstehen kann. Der

> Mitarbeiter sitzt wie in einem Verhör im Büro seiner Chefin und wird von Minute zu Minute kleiner. Er wirkt auf Frau Kalhammer, als hätte er keine Motivation, irgendein Ziel zu vereinbaren. Frau Kalhammer wird sichtlich ungeduldig und gereizt.

Was ist passiert? Da Frau Kalhammer eine energische und fröhliche Person ist und schon immer Probleme mit introvertierten Mitarbeitern hatte, kann sie Herrn Sinz nicht gut unterstützen. Die Vorstellung, dass ihr Mitarbeiter ganz andere Bedürfnisse hat, als sie selbst, fällt ihr schwer. Eigentlich hatte sich Herr Sinz Ziele vorgenommen, die er vereinbaren wollte, doch er fühlte sich in der Gegenwart von Frau Kalhammer nicht wohl. Hätte sie seine Körpersignale frühzeitig während des Gesprächs wahrgenommen, hätte sie entsprechend reagieren können.

Was können Sie als Vorgesetzter tun?

Achten Sie auf eine nicht-konfrontative Sitzordnung, wenn Sie Vertrauen schaffen wollen. Diese konfrontative Sitzhaltung am Tisch ist kaum dazu geeignet, um während eines Mitarbeitergesprächs Vertrauen aufzubauen.

Das Sitzen über die Tischecke hingegen schafft eine angenehme Atmosphäre. Durch eine aufgeschlossene Körperhaltung, die Offenheit und Aufmerksamkeit vermittelt, können
Sie eine gute Basis für das Gespräch schaffen. Dadurch geben
Sie dem Mitarbeitergespräch eine positive Richtung. Nehmen
Sie eine offene, Aufmerksamkeit signalisierende Körperhaltung ein. Nehmen Sie, falls nötig, einen tieferen Status ein,
damit laden Sie den Mitarbeiter ein, sich mitzuteilen.

Als Führungskraft ist es wichtig, dass Sie auf die unterschiedlichen Mitarbeiter eingehen können. Finden Sie heraus, was
den Mitarbeiter wirklich bewegt. Zu welchem Zeitpunkt verändert er z.B. seine Körperhaltung, zu welchem Körpertyp
gehört er? Und natürlich: Begeistern Sie Ihre Mitarbeiter
durch Ihre eigene innere und äußere Haltung.

> Die wichtigsten Voraussetzungen für ein erfolgreiches und positives
> Gespräch schaffen Sie, wenn Sie zu dem Mitarbeiter eine Beziehung
> aufbauen, Vertrauen schaffen und ihm Sicherheit geben.

Als Mitarbeiter einen guten Stand haben

Beispiel: Vorsicht, der Chef kommt

Herr Wiesner, Buchhalter, ist sehr gewissenhaft und zuverlässig. Doch jedes Mal, wenn er seiner Chefin zufällig begegnet, versucht er, nicht aufzufallen. Er zieht seine Schultern hoch und blickt von unten nach oben. Die Begegnung ist auch für seine Chefin unangenehm. Manchmal überlegt sie, ob Herr Wiesner etwas zu verstecken hat. Herr Wiesner wundert sich, dass seine Chefin ihn so kritisch beobachtet.

Herr Wiesner macht sich förmlich klein (linkes Bild), sobald er seiner Chefin begegnet, und nimmt sofort den Tiefstatus ein. Er denkt, bevor er etwas Falsches sagt, sagt er lieber gar nichts. Eine direkte und offene Begegnung zwischen den beiden ist kaum möglich.

Was Sie tun können

Wenn Sie Ihrem Vorgesetzten begegnen, richten Sie sich bewusst auf und nehmen Sie eine aufrechte Haltung ein (rechtes Bild). Versuchen Sie zu lächeln – und denken Sie daran: Sie müssen in diesem Moment nichts beweisen. Halten Sie Blickkontakt und signalisieren Sie die Bereitschaft für ein Gespräch. Der Vorgesetzte spricht gerne mit Ihnen, wenn Sie mit Ihrer Körperhaltung „Interesse" signalisieren.

Unter Kollegen

Beispiel: Neu im Team

 Frau Ritter ist in ein neues Projektteam gekommen, das an der Einführung einer neuen Software arbeitet. Sie ist erst seit Kurzem im Unternehmen und kennt noch nicht viele Kollegen. Sie ist unsicher und weiß nicht, wie sie auf ihre neuen Kollegen zugehen soll ...

Körpersprache als Orientierung

Wenn Sie neu im Unternehmen oder im Team sind, müssen Sie sich schnell zurechtfinden. Wenn Sie die körpersprachlichen Signale Ihrer neuen Kollegen deuten können, kann Ihnen das den Einstieg erleichtern und Sie sogar vor Missverständnissen und Ärger bewahren. Folgende Signale nützen Ihnen jedoch nicht nur dann, wenn Sie neu sind, sondern beim Networking im Allgemeinen – auch, wenn Sie schon länger im Unternehmen sind.

- Achten Sie in Meetings oder Kaffeepausen besonders darauf, welche Körperhaltungen die Kollegen einnehmen, wenn sie miteinander oder mit Ihnen reden. Überwiegt die geschlossene misstrauische Haltung, treten Sie nicht zu forsch oder unsicher auf. Drücken Sie mit Ihrer aufgeschlossenen Körperhaltung und offenen, ruhigen Gesten Souveränität und Ruhe aus. Sie haben nichts zu verbergen und wollen niemandem schaden. Sie wirken aufmerksam, doch nicht übertrieben neugierig und können sich jederzeit zurückziehen.

- Auf welche Art und Weise hören die Kollegen einander zu: Sie merken schnell, wer mit wem gut auskommt. Die Kollegen signalisieren schnell ihr Desinteresse, indem sie nicht richtig zuhören oder immer wieder während des Gespräches wegschauen. Wer fällt wem ins Wort und zeigt damit seinen höheren Status?

- Wann und wo bilden sich Gruppen, sind diese geschlossen oder offen? Dazu mehr auf der nächsten Seite.

- Achten Sie darauf, dass Sie Ihren Status der neuen Situation anpassen. Nehmen Sie nicht einen zu hohen Status ein, denn Sie sind neu im Team.

- Versuchen Sie aber auch nicht durch das Einnehmen eines tieferen Status anzudeuten, Sie wären froh, überhaupt dabei zu sein, und bereit, jede noch so kleine Aufgabe zu übernehmen.

- Treten Sie souverän und ruhig auf, signalisieren Sie mit Ihrer Körperhaltung Aufmerksamkeit und Offenheit.

- Dringen Sie nicht in die Intimzone der Kollegen ein, indem Sie ihnen zu nahe treten oder sie sogar anfassen.

- Respektieren Sie die Andersartigkeit Ihrer Kollegen und entwickeln Sie ein Verständnis für andere Lösungen und

Einstellungen. Auch wenn Sie nicht der gleichen Meinung sind, signalisieren Sie Ihre Aufgeschlossenheit.

- Falls Sie sich bedrängt oder unterschätzt fühlen, grenzen Sie sich körperlich ab und nehmen Sie ruhig, falls erforderlich, den höheren Status ein.

> Auch im Team ist der erste Eindruck, den Sie hinterlassen, wichtig. Überlegen Sie sich genau, wie Sie „auftreten" wollen.

Gruppen

Beispiel: Geschlossene Veranstaltung?

 In der Pause versorgen sich die Seminarteilnehmer mit Kaffee und Fingerfood. Einzelne Gruppen bilden sich und Frau Lang überlegt, wo sie sich dazustellt. Ach, da stehen ein paar Kollegen zusammen, Frau Lang begibt sich zu ihnen. Kaum hat sie sich dazugesellt, verstummt die Gruppe.

Was ist passiert? Frau Lang hätte erkennen können, dass die Gruppe, die sich bewusst am Rande des Raumes platziert hat, nicht gestört werden wollte. Die Kollegen sprachen leise miteinander und rückten nah zusammen, sie wollten sich abgrenzen. Hätte Frau Lang diese Kennzeichen deuten können, hätte sie sich den peinlichen Vorfall erspart. Es gibt Gruppen, die für neue Mitglieder offen sind, und Gruppen, die Neuankömmlingen eher misstrauisch oder abweisend begegnen, weil sie als störend empfunden werden. Mit wem Sie Kontakte knüpfen oder zu welcher Gruppe Sie sich dazustellen können, um sich zu unterhalten, erkennen Sie leicht an folgenden Eigenschaften:

Bei der offenen Gruppe

- stehen die Personen in einem lockeren Kreis, jederzeit kann jemand gehen oder kommen. Die Gruppe steht meist mitten im Raum.

- Die Aufmerksamkeit liegt nicht nur bei einer Person, sondern wandert immer wieder zu anderen Personen.

- Es herrscht öfters eine heitere Stimmung.

Bei einer geschlossenen Gruppe

- stehen die Personen enger beieinander. Die Gruppe bildet zusammen eine Einheit und kehrt der Außenwelt den Rücken zu.

- Alle sprechen eher leise.

Vermeiden Sie es, geschlossene Gruppen zu stören, es sei denn, Sie wollen sich unbeliebt machen. Wenn Sie z.B. bei einer Veranstaltung einen Raum betreten, schauen Sie sich zunächst in Ruhe um und achten Sie auf die beschriebenen

Merkmale. Sie werden gleich die Gruppen erkennen, die offen sind für neue Kontakte.

Konflikte im Team wahrnehmen

Im Team zu arbeiten, bedeutet für jeden eine große Herausforderung. Da ganz unterschiedliche Typen von Menschen aufeinander treffen und jeder seine eigene Perspektive besitzt, sind Konflikte und Krisen so gut wie vorprogrammiert. Sollte sich ein Konflikt oder eine Krise anbahnen, werden Ihre Kollegen, bevor sie es auf einer verbalen Ebene äußern, körpersprachliche Signale senden, die auf drohenden Ärger hindeuten oder die Bitte um „Hilfe" signalisieren:

- eingefallene, geschlossene Körperhaltung,
- hängende Schultern und Arme,
- nach vorne gesenkter Kopf,
- sparsame Gestik und Mimik,
- häufiges Stirnrunzeln.

Wenn Sie diese Signale wahrnehmen, sprechen Sie Ihre Kollegen vorsichtig an und überprüfen Sie, ob Ihre Wahrnehmung richtig ist und ob Sie Ihre Unterstützung anbieten können. Wenn Ihr Kollege die Unterstützung akzeptiert, achten Sie darauf, dass

- Sie eine konfrontative Sitzordnung vermeiden und sich nebeneinander oder über die Tischecke setzen, da diese Sitzordnung eine gemeinsame Perspektive schafft,
- eine entspannte und aufmerksame Körperhaltung einnehmen und Sie zu ausladende Gesten vermeiden,

- wahres Interesse zeigen, zuhören und Blickkontakt halten und eine warme Stimme benutzen.

Wie Sie sich Kollegen „vom Leib" halten

Es gibt Arbeitskollegen, die immer etwas Spannendes zu berichten haben, gerade dann, wenn wir unsere Ruhe haben wollen oder uns gerne über andere Dinge unterhalten würden, als über das neue Auto des Chefs oder über den neuesten Misserfolg anderer Kollegen. Solche gut informierten Kollegen rücken einen richtig auf die „Pelle".

Der Herr auf dem linken Bild berichtet von etwas, wofür sich seine Kollegin nicht richtig begeistern kann. Sie fühlt sich sichtlich bedrängt. Wie entkommt sie dieser Bedrängnis? Einfach, aber verblüffend: Indem sie einen Schritt zur Seite tut und sich vor dem Kollegen aufrichtet (linkes Bild). Dadurch deutet sie körperlich an, dass sie Abstand gewinnen will. Die verschwörerische Gemeinschaft, die der Kollege herstellen wollte, wird dadurch aufgelöst, und es wird ihm schwer fallen, mit seiner Geschichte fortzufahren.

Bei Besprechungen

Beispiel: Das Anliegen wieder nicht durchgesetzt

 Jeden Montagmorgen findet bei einem Automobilzulieferer der Jour fixe statt. Mitarbeiter und Vorgesetzte treffen sich, um die bevorstehende Woche zu besprechen. Herr Karl will heute einen Punkt ansprechen, der ihm sehr wichtig ist, er hat es sich fest vorgenommen. Nach und nach setzen sich alle und die Sitzung beginnt. Die Agenda wird abgearbeitet und nach 70 Minuten ist der Jour fixe zu Ende. Danach bilden sich kleine Gruppen, die zusammenstehen, bis alle in ihren Arbeitsräumen verschwinden. Herr Karl ist enttäuscht, denn er hat sein Anliegen nicht anbringen können.

Die Wahrnehmung unsichtbarer Netze

In den meisten Besprechungen geht es darum, dass alle Beteiligten ihre Interessen und Meinungen einbringen, sie den anderen gegenüber vertreten und danach gemeinsam einen Konsens finden. Jedem ist es selbst überlassen, wie gut er sich einbringt und sich den anderen gegenüber behauptet.

Gerade Besprechungen geben Ihnen aufschlussreiche Informationen über Beziehungs-Konstellationen. Hier erfahren Sie Wesentliches über die jeweilige Unternehmenskultur und darüber, wie Sie Ihren Standpunkt vertreten können.

Worauf Sie vor der Besprechung achten

Beobachten Sie: Wer steht mit wem zusammen? Wer spricht sehr lange mit wem? Wer begrüßt wen und auf welche Art und Weise? Wer scherzt mit wem? Jetzt wissen Sie

- welche Mitarbeiter sich solidarisieren, indem sie ähnliche Körperhaltungen einnehmen,

- wer sich eher aus dem Weg geht,

- wer hohen Status und wer niedrigen Status besitzt,

- wer Sie boykottieren könnte, wenn Sie etwas präsentieren – diese Person weicht Ihnen aus und hat keinen direkten Blickkontakt zu Ihnen. Sie wird sich während der Sitzung nie neben Sie setzen –,

- wen Sie als Verbündeten einbinden sollten, um Ihr Interesse oder Ihre Aufgabe im Unternehmen durchzusetzen.

Während der Besprechung

- Betreten Sie den Besprechungsraum mit energischen, Raum greifenden Schritten. Passen Sie jedoch die Größe der Schritte Ihrer Statur an. Ein kleiner Mensch, der ganz große Schritte macht, wirkt verkrampft oder grotesk.

- Ziehen Sie sich körpersprachlich nicht zurück, wenn Sie noch nicht an der Reihe waren oder wenn Ihre Argumente nicht ins Schwarze getroffen haben, z.B. indem Sie Ihre Arme verschränken und sich zurücklehnen.

- Schauen Sie Ihren Kollegen in die Augen.

- Sprechen Sie laut und deutlich. Sie haben etwas zu sagen und wollen Ihr Interesse kundtun.

- Wenn niemand auf Ihrer Seite ist, können Sie nicht darauf warten, dass man Ihnen den Freiraum zum Sprechen gibt. Nehmen Sie sich Ihren Raum aktiv und kündigen Sie mit einer Körperhaltung oder Geste Ihren Redeanteil an: Ein im Sitzen aufgerichteter Oberkörper und eine in den Luftraum über den Tisch leicht ausgestreckte Hand, begleitet von einem ruhigen, in der Runde wandernden Blick, ermöglicht es Ihnen, ins Geschehen einzugreifen. Halten Sie die Geste aus, auch wenn es Ihnen wie eine Ewigkeit vorkommt, Sie werden über die Wirkung erstaunt sein.

Wenn Sie präsentieren

Beispiel: Die Botschaft bleibt unklar

 Herr Beck soll bei der Kickoff-Veranstaltung seiner Bank vor etwa 180 Filialleitern über die Einführung eines neuen Beratungsmodells sprechen. Die Filialleiter kennen noch keine Details, doch die bevorstehende Veränderung erfüllt die meisten von ihnen mit Skepsis. Sie müssen die Informationen an ihre Mitarbeiter weitergeben, im Vorfeld haben jedoch schon viele Gerüchte die Runde gemacht. Herr Beck betritt die Bühne flott mit einem großzügigen Lächeln und beginnt, in einem raschen, doch lockeren Tempo über die bevorstehenden Veränderungen zu referieren. Er steckt leger eine Hand in die Hosentasche und geht während seiner Rede hin und her, vor und zurück. Es scheint, als würde er mit seiner ganzen Erscheinung gutes Wetter machen wollen. Wer ihn kennt, sagt: „Ja, so ist er eben, entspannt und direkt", doch der Großteil der Zuschauer fühlt sich verunsichert. Die Filialleiter gewinnen den Eindruck, dass Herr Beck von den Schwierigkeiten der Einführung des neuen Beratungsmodells entweder keine Ahnung hat oder sie auf die leichte Schulter nimmt.

Jedes Mal wenn Sie vor Ihre Mitarbeiter, Kollegen oder ein größeres Publikum treten, ist es so, als würden Sie als Hauptdarsteller in einem Stück spielen. In diesem Stück müssen Sie das, was Ihnen wichtig ist, über die Rampe bringen. Das schaffen Sie nur dann, wenn Sie Ihre Darstellung durch klare

Körpersignale unterstützen. Wenn Sie wie Herr Beck nicht den adäquaten körperlichen Ausdruck für die Inhalte Ihrer Rede finden, werden Sie eher Verwirrung als Klarheit hervorrufen. Achten Sie also darauf, dass Sie die Inhalte, die für Sie wichtig sind, durch Ihre Körperhaltung, Mimik und Gestik unterstützen. Dadurch wird Ihr Auftritt nicht nur glaubwürdig, sondern auch fesselnd wirken. Sind Sie selbst von der Idee begeistert, drücken Sie es durch Ihre lebendige Körpersprache aus. Ihre Zuschauer werden Ihrem Vortrag gespannt und mit Begeisterung folgen.

Vor dem Auftritt

- Üben Sie Ihre Rede laut und probieren Sie die Gesten und Gangarten dazu aus.

- Wenn es möglich ist, machen Sie sich vor Ihrem Vortrag mit dem Raum vertraut, in dem Sie auftreten werden. Probieren Sie auf der Bühne Ihre Gangarten und Ihre Stimme aus. Falls Sie ein Mikrofon brauchen, machen Sie vorher einen Technik-Check, um Ihre verstärkte Stimme zu hören und technische Pannen zu vermeiden.

- Setzen Sie sich auf die Plätze, wo Ihre Zuschauer sitzen würden, und stellen Sie sich vor, wie Sie wirken werden.

Was tun gegen Lampenfieber?

Beispiel: Unberechenbare Reaktionen

 Herr Simon hat sich für seinen Vortrag hervorragend vorbereitet, sein Manuskript ist perfekt, die Präsentationsfolien ein Meisterwerk. Doch dann, kurz vor dem Auftritt, packt ihn das Lampenfieber. Sein Körper verspannt sich, seine Mimik erstarrt, die Stimme zittert. Von der Aufregung überwältigt, tritt er überhastet auf. Er hat plötzlich das Gefühl, besonders schnell und kraftvoll sein zu müssen. Er gestikuliert noch lebhafter als sonst und schießt förmlich über das Ziel hinaus. Schnell macht sich der Eindruck breit, er würde um die Aufmerksamkeit der Zuschauer buhlen. Herr Simon nimmt seinen Übereifer wahr und rudert zurück; er verlangsamt das Tempo. Doch unerwarteterweise verliert er dadurch seinen Enthusiasmus, hat plötzlich das Gefühl, in einer Art Zeitlupe zu agieren. Seine Gesten wirken zögerlich, seine Stimme scheint die Zuschauer nicht mehr zu erreichen. Er fühlt sich, als würde er im dicken Nebel stecken.

Was kann man dafür tun, dass ein Vortrag ein gelungener und überzeugender Auftritt wird und man dem Lampenfieber nicht schutzlos wie Herr Simon ausgeliefert ist?

Direkt vor dem Auftritt

- Bauen Sie den Druck ab, indem Sie durch leichtes Schütteln die Verspannung Ihrer Muskeln lösen. Dann spannen Sie die Muskeln wieder an. Strecken Sie sich, treten Sie auf den Zehenspitzen und strecken Ihre Hände nach oben. Klopfen Sie leicht auf Beine, Arme, Po und Brustkorb.

- Atmen Sie tief durch und stoßen Sie kurz die Luft aus.

- Denken Sie an angenehme Erlebnisse zurück und lächeln Sie. Durch ein Lächeln verändert sich die Gesichtsmuskulatur und die Stimme bekommt hellere Klanganteile.

Wenn die Stimme plötzlich weg ist

In Situationen, in denen Sie viel sprechen müssen, besteht die Gefahr, dass Sie heiser werden. Um das zu vermeiden, können Sie auf Folgendes achten:

- Der Raum, in dem Sie sprechen, sollte gut gelüftet sein. Achten Sie in Ihren eigenen Räumen auch auf die richtige Luftfeuchtigkeit des Raums.

- Trinken Sie viel während des Tages. Nicht nur Ihr Körper freut sich über die Flüssigkeit, sondern auch Ihre Stimme.

- Wenn Sie heiser werden, versuchen Sie nicht zu flüstern, denn das strengt die Stimme noch mehr an. Machen Sie stattdessen mehr Pausen. Husten Sie kurz statt sich zu räuspern.

Auf der Bühne

Die ersten Schritte

Schon im ersten Augenblick, wenn Sie die Bühne betreten, richten sich die Blicke der Zuschauer auf Sie und verfolgen jede Ihrer kleinsten Bewegungen.

Betreten Sie die Bühne nicht überhastet und steuern Sie nicht direkt auf das Rednerpult, um Ihre Rede sofort mit einem hochkonzentrierten Gesicht zu beginnen. Sie ähneln sonst einem Schiffbrüchigen, der endlich ein rettendes Stück Holz erspäht hat. Auch wenn Sie eine auflockernde Anekdote am Anfang Ihres Vortrages eingebaut haben, Ihr Körper signalisiert: „Hoffentlich ist das hier alles bald vorbei."

Die Zuschauer werden Ihnen in einem solchen Fall entweder innerlich folgen und froh sein, wenn Sie Ihren Vortrag beendet haben, oder gleich abschalten (linkes Bild).

Sollten Sie allerdings zu routiniert und locker auftreten und den Eindruck vermitteln, als wären Sie auf der Bühne geboren, wird das Publikum früher oder später an den Motiven Ihres Auftritts zweifeln und in Ihnen einen Selbstdarsteller vermuten (rechtes Bild). Achten Sie also schon beim ersten Schritt auf die Bühne, dass Sie

- nicht zu überspannt und „zielgerichtet" auftreten.
- nicht zu flockig oder salopp auftreten, es sei denn, Sie wollen eine Rede bei einem Betriebsausflug halten.

- Sie nicht mit Ihrer Mimik andeuten, dass Ihnen und dem Publikum eine schwierige Aufgabe bevorsteht.

- Strahlen Sie auch nie ein Ihnen unbekanntes Publikum mit einem breiten Lächeln an. Das kommt nur in einer Fernsehshow gut an, wo das Publikum schon vorher stundenlang den Applaus geübt hat.

- Vermeiden Sie kurze, zögerliche Schritte und einen suchenden Blick, Sie wirken sonst überfordert.

- Sie wollen mit Ihrer Rede begeistern und mitreißen. Treten Sie aufgeschlossen und energisch auf, sehen Sie das Publikum mit einem offenen, aufrichtigen Blick an.

Von welcher Seite treten Sie auf?

Die Richtung, aus der wir auf eine Bühne treten, erzählt schon etwas über uns:

- Wenn Sie von vorne links kommen, wenden Sie dem Publikum lange Zeit nur eine Seite zu, Sie sind sozusagen noch gar nicht ganz vorhanden. Der seitliche Auftritt war früher im Theater vor allem für Boten und Diener reserviert. Ein Held kam nie einfach so um die Ecke.

- Wenn Sie von hinten links diagonal über die Bühne kommen, ist Ihr Weg länger, Sie sehen die Zuschauer schon längere Zeit von vorne, haben also die Möglichkeit, früh eine Beziehung zu ihnen aufzubauen. Ihr Gang signalisiert, dass Sie von weit her kommen, Sie haben also möglicherweise eine interessante Geschichte zu erzählen.

- Ähnlich wirkt es, wenn Sie von rechts vorne oder von rechts hinten kommen. Da wir in westlichen Kulturen von links nach rechts lesen, wirkt der Auftritt von rechts eher irritierend und ungewöhnlich, macht uns aber neugierig.

- Ein Auftritt vom Bühnenhintergrund bis in die Mitte der Bühne bezeichnet man im Theater als einen königlichen Auftritt. Man geht frontal auf das Publikum zu, das Publikum ist gebannt durch die Kraft der Perspektive. Allerdings darf der König auf seinem Weg nach vorne nie zu nah an die Rampe treten, er würde sofort anbiedernd wirken, weil er sich zu nah zu seinem Volk begibt.

- Wenn Sie sich vom Zuschauerraum aus auf die Bühne bewegen, heißt dies, dass Sie ein Teil des Publikums sind. Das können Sie ruhig betonen, indem Sie auf Ihrem Weg auf die Bühne schon mit dem Publikum in Kontakt treten, z. B. durch Blicke. Achten Sie darauf, dass Ihr Auftritt schon in dem Moment beginnt, in dem Sie sich aufgerichtet haben.

Die Körperhaltung

Während des Vortrages oder der Präsentation sollten Sie besonders darauf achten, dass Sie einen klaren und festen

Stand haben. Er spiegelt am deutlichsten Ihre innere Einstellung wider. Stehen Sie aufrecht und offen da. Vermeiden Sie auch eine breitbeinige Cowboyhaltung, sie könnte kraftmeierisch oder überheblich wirken. Vermeiden Sie es, die Arme vor der Brust oder hinter dem Rücken zu kreuzen – das kann Unsicherheit oder Ablehnung signalisieren. Kippen Sie Ihren Körper nicht zur Seite und vermeiden Sie die Spielbein- und Standbeinhaltung. Das wirkt, als wären Sie sich Ihrer Sache nicht sicher. Verlagern Sie Ihr Körpergewicht nicht auf die Fersen zurück, es könnte Verunsicherung und Unbehagen vermitteln. Stehen Sie ruhig und mit leicht ausgestrecktem Körper da, kneifen Sie Ihre Pobacken zusammen und schieben Sie Ihr Becken leicht nach vorne.

Vermeiden Sie jede rhythmische Bewegung, wie mit dem Fuß klopfen, nach vorne und hinten wippen oder den Oberkörper hin und her zur Seite wenden. Sie könnten damit Ihre Zuschauer irritieren oder, noch schlimmer, einschläfern. Laufen Sie nicht ziellos hin und zurück, es wirkt als wären Sie unkonzentriert oder hätten es eilig. Wenn Sie auf der Bühne gehen, sollte dies motiviert wirken, wenden Sie sich an einen der Zuschauer oder zeigen Sie etwas auf der Präsentationsfolie.

Wenn Sie schon auf der Bühne stehen und noch darauf warten müssen, bis der Moderator Sie vorgestellt hat oder Ihr Vorredner seinen Beitrag beendet hat, machen Sie sich nicht unsichtbar und halten Sie Ihre Körperspannung.

Mimik und Gesten

Für die Mimik während des Vortrags ist es am Wichtigsten, dass Sie Augenkontakt mit Ihrem Publikum halten. Lassen Sie Ihre Hände sprechen. Erzeugen Sie mit ruhigen Gesten und mit Ihrem Blickkontakt Spannung. So strahlen Sie Souveränität und Ruhe aus.

Vermeiden Sie Gesten, die unsicher oder zu lässig wirken könnten: Verstecken Sie Ihre Hände nicht hinter dem Rücken oder in der Hosentasche, es wirkt im ersten Fall verunsichert, im zweiten Fall zu lässig. Verschränken Sie nicht Ihre Arme vor der Brust, reiben oder quetschen Sie Ihre Hände nicht und krallen Sie sich nicht am Rednerpult oder an Ihrem Manuskript fest. Vermeiden Sie auch, während des Vortrags Ihr Gesicht mit der Hand zu bedecken, sich an der Nase oder am Nacken zu kratzen. Diese Gesten wirken konfus, man könnte sogar den Eindruck haben, Sie wollen etwas verheimlichen oder Sie glauben nicht an das, was Sie sagen.

Im Raum wirken

Damit Sie im Raum optimal wirken, sollten Sie nicht in der Bühnemitte verharren, da Sie so zwar stark, aber auch starr wirken. Wenn Ihr Platz nicht durch ein Rednerpult vorbestimmt ist, suchen Sie sich vielmehr einen Platz, der ein wenig rechts oder links von der Mitte ist.

Der Bühnenrand ist eine wichtige Grenze zwischen Ihnen und Ihren Zuschauern: Stehen Sie nicht zu weit davon entfernt, dies könnte ängstlich wirken. Sie sollten aber auch nicht zu nah am Bühnenrand stehen, da dies übereifrig und anbiedernd wirken kann.

Wenn etwas Unvorhergesehenes passiert, z.B. eine technische Panne oder Zwischenrufe, benennen Sie den Vorfall und gehen Sie in Ihrer Rede kurz darauf ein – denn jeder hat ihn ja gesehen oder gehört. Damit verhindern Sie, dass Sie den Eindruck erwecken, Ihnen wäre das Ereignis peinlich.

Balance zwischen Spannung und Entspannung

Ein guter Redner schafft es, die Balance herzustellen zwischen der körperlichen Spannung, die von seinem Engagement zeugt, und der Entspannung, die seine Souveränität und innere Ruhe ausdrückt. Achten Sie also bei Ihrem Vortrag darauf, dass Sie nicht die ganze Zeit eine leidenschaftliche Vorstellung geben, die Ihre Zuschauer förmlich in die Stühle hineindrückt. Verändern Sie die Dynamik Ihrer Gesten und Gänge. Eine mitten in der Bewegung angehaltene Geste oder ein angehaltener Schritt können Spannung erzeugen oder Neugier wecken auf das, was folgt. Eine energische und unterstützende Handgeste verstärken Ihre Aussage. Eine aufgeschlossene Körperhaltung mit einladenden und offenen Gesten wirkt auf das Publikum entspannend, sie signalisiert Offenheit und Bereitschaft zum Meinungsaustausch.

Am Ende des Vortrags

Achten Sie darauf, dass Sie nach dem Ende Ihres Vortrags präsent bleiben: Sacken Sie also nicht in sich zusammen oder geben Sie sich nicht plötzlich locker, wenn Sie vorher leiden-

schaftlich aufgetreten sind. Vielen von uns ist Applaus peinlich: Versuchen Sie, ihn zu genießen, indem Sie ihn mit einem
freundlichen Blick auf Ihre Zuschauer, ohne falsche Scham,
empfangen. Damit würdigen Sie auch Ihr Publikum – und Sie
runden Ihren Auftritt optimal ab.

Beim Verkaufen und Verhandeln

Beispiel: Der bedrängte Kunde

 Herr Möller ist Vertriebsmitarbeiter einer Softwarefirma und
präsentiert einem neuen Kunden sein Produkt. Der Kunde ist ein
introvertierter, ruhiger Mensch. Er spricht leise, verwendet sparsame und kleine Gesten. Herr Möller gibt sich enthusiastisch und
selbstsicher. Mit großen und ausladenden Gesten unterstreicht er
den Erfolg seiner Firma und die Qualität seiner Lösung: Der
Kunde fühlt sich sichtlich unwohl, von Kaufen ist nicht die Rede.

Was ist passiert? Herr Möller hat die körpersprachlichen
Signale des Gegenübers ignoriert und damit sind ihm wichtige
Informationen entgangen. Wäre ihm aufgefallen, wie sein
Kunde körperlich „strukturiert" ist, hätte er reagieren können:
Herr Möller hätte sich selbst nicht so viel Raum genommen,
sondern dem schüchternen Kunden Raum überlassen, indem
er seine ausladende Gestik der sparsamen der Gestik des
Kunden angepasst hätte.

Auf den Gesprächspartner eingehen

Bei jedem Kundenkontakt oder bei jeder Verhandlung ist es
hilfreich, sich vom Gegenüber ein Bild zu machen. Bietet sich

vorher nicht die Gelegenheit, mit dem Kunden persönlich zu sprechen, werden Sie spätestens beim ersten Treffen die Informationen erhalten, die Sie brauchen, um ihn und seine Bedürfnisse zu verstehen. Wenn ein Verkäufer wie Herr Möller, der leidenschaftlich und lebhaft gestikuliert, auf einen detailversessenen, gründlichen oder schüchternen Kundentyp trifft, kann es passieren, dass die beiden keine gemeinsame Sprache finden und der engagierte „Körpereinsatz" des Verkäufers umsonst war.

Wann das „Spiegeln" hilfreich ist

Die Körperhaltung des anderen „spiegeln" heißt, dass Sie versuchen, eine ähnliche Körperhaltung einzunehmen und auch ähnliche Gesten ausführen. Dadurch drücken Sie Ihr Einverständnis mit dem Gesagten aus und bauen eine Beziehung auf.

Das Spiegeln bietet somit eine gute Basis, um gerade bei potenziellen Kunden in ein Verkaufsgespräch einzusteigen. Sie sollten dabei aber auch beachten, dass Spiegeln kein Zaubermittel ist. Ist Ihr Kunde scheu und verschlossen, hilft spiegeln wenig. In diesem Fall wäre eine offene Haltung, die Vertrauen und Zuversicht ausdrückt, empfehlenswerter. Die zweite Abbildung auf der vorigen Seite zeigt, wie der Verkäufer die gleiche Haltung wie der Kunde einnimmt und auf diese Weise den Kontakt fördert.

> Versuchen Sie nicht, mit angelernten Körperhaltungstricks den Kunden zu beeinflussen. Nur durch Ihr wahres Interesse am Kunden ist Ihr Körperausdruck authentisch und Ihr Kunde baut Vertrauen auf.

Erkennen, dass ein Kunde nichts kaufen will

Wenn Sie merken, dass der Kunde geschlossene Körpersignale sendet, versuchen Sie durch eine Frage herauszufinden, welche Vorbehalte er hat. Bevor Sie zum Abschluss kommen, überprüfen Sie nochmals genau die körpersprachlichen Signale des Gegenübers. Falls alles auf Ablehnung deutet, starten Sie einen neuen Versuch und überlegen Sie sich andere Argumente.

An folgenden Signalen erkennen Sie, dass Ihr Kunde von Ihrem Angebot nicht überzeugt ist:

- verschränkte Arme, übereinander geschlagene Beine, der Blick wendet sich ab,
- verschränkte Arme, im Stuhl zurückgelehnt,
- verschränkte Arme, Hände zu Fäusten geballt,
- die Hand ständig im Gesicht,
- ein nach unten gesenkter Kopf,
- der Kopf wird mit der Hand aufgestützt.

Kreuzt der Kunde die Fußknöchel, könnte er Bedenken zurückhalten oder sich unwohl fühlen. Fragen Sie dann dezent nach. Wenn er die Hände auf die Oberschenkel stützt, obwohl Sie mitten im Gespräch sind, möchte der Kunde das Treffen beenden. Er begibt sich in Startposition.

Die Kunst, zu verkaufen ohne zu verkaufen

Vermeiden Sie Körpersignale, die darauf hindeuten, dass Sie unter Verkaufsdruck stehen. Sonst besteht die Gefahr, dass beim Kunden die Botschaft ankommt: „Ich muss Ihnen jetzt hier etwas verkaufen, sonst dürfen Sie den Raum nicht verlassen." In der ersten Abbildung steht der Verkäufer unter Druck. Die Kundin lehnt sich zurück und will eigentlich weg. Die zweite Abbildung zeigt den souveränen Verkäufer mit einem interessierten Kunden.

So bleiben Sie souverän

- Ein souveräner und ruhiger Verkäufer schafft eine angenehme und entspannte Atmosphäre. Versuchen Sie, ein Zusammenspiel zwischen Spannung und Entspannung zu erzeugen, um so das Interesse beim Kunden zu wecken. Achten Sie auf die Balance von „sprechen" und „zuhören". Der Kunde will von Ihren Argumenten und Ihrer Stimme nicht überschwemmt werden.

- Sprechen Sie nicht zu schnell und nehmen Sie unnötigen Druck aus Ihrer Stimme.

- Beim Zuhören nehmen Sie eine entspannte und trotzdem aufmerksame Körperhaltung ein. Hören Sie dem Kunden wirklich zu und schauen Sie ihn wirklich an, er schenkt Ihnen in jeder Sekunde viele Informationen.

- Achten Sie auf den Wechsel der Körperhaltung Ihres Kunden. Diese können auf positive oder negative Änderungen der inneren Haltung dem Produkt oder Ihnen gegenüber hindeuten. Fragen Sie nach, wenn Sie einen deutlichen Wendepunkt in der Körperhaltung wahrgenommen haben, ob der Kunde sich z. B. noch mehr Informationen wünscht.

Berücksichtigen Sie die unterschiedlichen Körpertypen

Bevor Sie Ihre Kunden in die unterschiedlichen Körpertypen aufteilen, sollten Sie sich selbst überlegen, welchem Körpertyp Sie eher entsprechen. Die Beschreibung der Körpertypen finden Sie im Kapitel „Körpersprachliche Signale verstehen".

> Die Körpertypen sind eine erste Orientierungshilfe, wie Sie mit Kunden umgehen können, die Ihnen nicht vertraut sind.

Wer auf verschiedene Kunden eingeht und entsprechend reagiert, entwickelt mit der Zeit ein Feingefühl für die Unterschiede – bald wird es dann Spaß machen, den jeweiligen Kundentyp herauszufinden.

Der Dominante

Ein dominanter Kunde weiß meistens, was er möchte – warum braucht er dann eigentlich einen Verkäufer? Um ihn in seiner Wahl zu bestätigen. Nur, wenn der Verkäufer einen unsicheren Eindruck vermittelt, sein Wissen oder seine Position anzweifelt, kann er auch jederzeit abspringen. Einem dominanten Kunden gegenüber sollten Sie deshalb vor allem darauf achten, dass Sie

- eine aufgeschlossene und souveräne Haltung einnehmen, die Sicherheit und Überzeugung ausstrahlt,
- höflich sind,
- den Kunden aussprechen lassen, sein Wissen respektieren und ihn gelegentlich loben,
- nicht versuchen, einen höheren Status einzunehmen,
- ihn nicht belehren.

Der Genaue

Ein genauer Kunde legt großen Wert auf höfliches und korrektes Auftreten und ist oft an vielen Details interessiert, die Ihnen vielleicht gar nicht so wichtig erscheinen. Einem genauen Kunden gegenüber achten Sie deshalb vor allem darauf, dass Sie

- ihn höflich begrüßen,
- nicht zu große und zu schnelle Gesten machen,
- ihm aufmerksam zuhören,
- mit Ihrer Körperhaltung Offenheit, Ruhe und Geduld signalisieren – Sie sind bereit, jede Frage zu beantworten,

jedes Missverständnis aus dem Weg zu räumen und alles Kleingedruckte zu erläutern.

Der Macher

Der Macher-Kunde möchte im Verkäufer einen Partner finden, der bereit ist, gemeinsam mit ihm neue Lösungen zu finden. Er wird sich gerne auf eine neue und schwierige Verhandlung einlassen. Einem Macher-Kunden gegenüber achten Sie vor allem darauf, dass Sie

- durch vitale Gesten Ihre Aussagen unterstützen,
- sich körpersprachlich auch seinem Habitus anpassen,
- nicht am Stuhl kleben oder in einer Körperhaltung verharren,
- laut und lebhaft sprechen. Sie dürfen einen Macher zwischendurch während seiner Aussage laut bestätigen, sogar je nach Situation ins Wort fallen; er wird es Ihnen nicht übel nehmen, weil er dies von sich selbst kennt.

Der Zwischenmenschliche

Ein zwischenmenschlicher Kunde erwartet vom Verkäufer vor allem, dass er ihn nicht enttäuscht. Das Vertrauen ist manchmal wichtiger als die Information, z. B. über das Produkt, eine gute zwischenmenschliche Beziehungen manchmal wichtiger als Rabatt oder Kostensenkung. Dieser Kunde ist ein treuer Kunde, aber wer sein Vertrauen strapaziert, wird es schwer haben, ihn wiederzugewinnen. Einem zwischenmenschlichen Kunden gegenüber achten Sie vor allem darauf, dass Sie

- ihn nicht zu steif und reserviert begrüßen, sondern herzlich und warm,

- sich genug Zeit für Small Talk nehmen, um eine persönliche Atmosphäre zu schaffen,

- sich in Ihrem Körper wohl fühlen, indem Sie eine entspannte und aufgeschlossene Haltung einnehmen,

- durch Ihre Körperhaltung und Gestik Offenheit und Aufrichtigkeit vermitteln,

- ihm auch einmal ein zusätzliches Lächeln schenken oder mit ihm gemeinsam in der Betriebskantine essen oder eine Tasse Kaffee trinken.

Der Schüchterne

Ein schüchterner Kunde mag eigentlich keine Verkäufer. Er ist misstrauisch, kritisch und verschlossen. Er ist eine richtige Herausforderung für jeden Verkäufer, doch hat man sein Vertrauen erst gewonnen, bleibt er trotz mancher Schwierigkeiten oft unerschütterlich in seiner Treue. Einem schüchternen Kunden gegenüber achten Sie vor allem darauf, dass Sie

- ihn freundlich, aber nicht zu herzlich begrüßen,

- ihm körperlich nicht zu nahe kommen (denn für ihn bedeutet das schnell „Bedrängnis"),

- Sicherheit und Ruhe durch Ihre Körpersignale vermitteln und keine nervösen oder legeren Bewegungen machen,

- mit einer warmen, nicht zu lauten Stimme sprechen.

Teil 2: Menschenkenntnis

Vorwort

Stellen Sie sich vor, wir wären alle gleich. Wäre das nicht furchtbar langweilig? Und denken wir weiter: Wie sollte unsere Welt ohne diese Vielfalt an Fähigkeiten, Meinungen und Verhaltensweisen funktionieren? Soweit das Positive.

Gleichzeitig bereitet uns diese Vielfalt bisweilen auch erhebliche Schwierigkeiten und stellt uns vor viele Fragen: Warum macht der andere das bloß? Wie kann man denn nur so stur sein? Wie kann ich es schaffen, diesen Menschen zu überzeugen? Warum reden wir nur ständig aneinander vorbei?

Der Erwerb von Menschenkenntnis erfordert Zeit und Mühe, doch der Erfolg wird Sie belohnen. Mit dem Wissen über Beweggründe und Unterscheidungsmerkmale menschlichen Handelns werden Sie Menschen besser erkennen und in ihrem Verhalten einschätzen lernen.

Sie erlangen Verständnis für deren (Re-)Aktionen und sind in der Lage, Ihr eigenes Verhalten an die verschiedenen Persönlichkeiten anzupassen. Dadurch gestalten Sie Beziehungen künftig konstruktiver und werden selbst erfolgreicher.

Martina Gessner

Was Sie über Menschen wissen sollten

Unser Verhalten ist das Ergebnis eines komplexen Zusammenspiels mehrerer Faktoren. Wenn Sie Menschen besser einschätzen und verstehen wollen, sollten Sie die Kriterien kennen, die unser Handeln bestimmen.

In diesem Kapitel lesen Sie,

- wie Sie menschliches Verhalten differenzieren und einordnen können,
- wie Motive und Werte uns steuern,
- was Einstellungen und Haltungen bewirken,
- wie unterschiedlich Menschen mit ihren Gefühlen umgehen.

Persönlichkeit – was ist das eigentlich?

Um Menschen besser einschätzen zu können, ist es unerlässlich, die Grundlagen menschlichen Handelns zu kennen. Dazu müssen wir uns mit der Persönlichkeit eines Menschen auseinandersetzen. Doch was macht Persönlichkeit aus? Personaler und Politiker sprechen oft davon, dass ein potenzieller Kandidat für einen Job oder ein Amt Persönlichkeit haben oder eine Persönlichkeit sein muss. Sie meinen damit meist einen Menschen mit besonderer Ausstrahlung, der andere überzeugen kann und der eine breite Akzeptanz findet.

In der Psychologie dagegen meint man mit Persönlichkeit die Gesamtheit der Eigenschaften eines Menschen. Einfach ausgedrückt: Alles, was zu uns gehört und uns einzigartig und unverwechselbar macht.

Wie wir andere erleben

Wenn wir auf fremde Menschen treffen und deren Persönlichkeit mit wenigen Worten beschreiben wollen, verwenden wir Begriffe oder Halbsätze, die deutlich machen, wie ein Mensch bei uns angekommen ist.

Beispiel: Eindrücke

Herbert und Marie sind auf dem Heimweg von einer Geburtstagsparty. Außer den Gastgebern kannten die beiden niemanden. Nun tauschen sie ihre Eindrücke aus. Marie schwärmt von einer Frau, mit der sie sich angeregt unterhalten hat: „Eine echt warmherzige Dame. Die scheint total zufrieden mit sich zu sein

– irgendwie beeindruckend, wie ausgeglichen manche Menschen sind." Herbert ergänzt: „Ja, dagegen war dieser Thomas echt nervig. Der hatte ständig zu allem was zu sagen. Überall wusste er Bescheid und hatte eine Geschichte dazu auf Lager. Mag ja ein intelligenter Bursche und erfolgreicher Geschäftsmann sein, aber sich so in den Mittelpunkt zu rücken, ich weiß nicht – muss ganz schön profilierungssüchtig sein..."

Unsere Aussagen über andere Menschen beinhalten meist eine Mischung aus objektiv beobachtetem Verhalten, wie „hat kaum etwas gesagt" oder „hat den ganzen Abend viel gelacht", und einer sehr persönlichen Komponente, nämlich der Wirkung, die ein anderer bei uns hinterlassen hat. So kann ein kontaktfreudiger, kommunikativer Mensch von dem einen als lebendiger Gesprächspartner wahrgenommen werden, während er bei einem anderen Menschen als anstrengend und überheblich ankommt.

Diese subjektive Empfindungskomponente hängt davon ab, wie wir selbst gestrickt sind und was wir mögen oder ablehnen. Unsere eigene Persönlichkeit bestimmt also mit, wie wir andere sehen und erleben. Dennoch können wir dem oben beschriebenen kontaktfreudigen und für manche anstrengenden Thomas ein Persönlichkeitsmerkmal zuschreiben, das „objektiv" treffend sein wird. Wir werden ihn als extravertiert bezeichnen können – ein Begriff, den Psychologen geprägt haben, und der einen für seine Umwelt aufgeschlossenen Menschen beschreibt.

Verhaltenskategorien für bessere Menschenkenntnis

Mit unseren individuellen Beschreibungen machen wir also intuitiv nichts anderes, als Menschen nach ihrem Verhalten zu unterscheiden. Die Psychologie hat sich dies schon vor langer Zeit zur Aufgabe gemacht und Verhalten systematisiert. C. G. Jungs *Psychologische Typen* aus dem Jahr 1921 bilden den wissenschaftlichen Grundstock vieler, in den folgenden Jahrzehnten weiterentwickelten Persönlichkeitsmodelle. Sie alle wollen die menschlichen Erlebens- und Verhaltensweisen verständlich und handhabbar machen. So finden diese Modelle heute häufig Anwendung in Personalabteilungen, in der Beratung und im Verkauf, also vor allem dort, wo man Verhalten vorhersehen oder sich schnell ein Bild von einem anderen Menschen machen möchte.

Aufbauend auf verschiedenen Modellen teilen wir in diesem Buch menschliches Verhalten in zwei Verhaltensdimensionen ein. Diese stellen Skalen dar, auf denen sich jeder Mensch an irgendeiner Stelle bewegt:

- Extraversion – Introversion
- Sachorientierung – Menschenorientierung

Natürlich zeigt jeder Mensch eine Vielzahl an Verhaltensweisen und ist mit seiner Persönlichkeitsstruktur einzigartig. Er wird also nie nur einen Verhaltenspol vollkommen vertreten, sondern vielmehr Verhaltensschwerpunkte auf der einen oder anderen Skalenseite erkennen lassen. Und er wird seine Verhaltensweisen über die Jahre ggf. auch verändern.

> Es erleichtert uns den Umgang mit anderen enorm, wenn wir eine Grobeinschätzung bezüglich der Verhaltensschwerpunkte und damit einhergehender Motive, Einstellungen und Emotionen vornehmen.

Die Einteilung hilft uns,

- besser zu verstehen, warum andere so handeln wie sie handeln,
- Vorhersagen zu treffen, wie sie sich wahrscheinlich in Zukunft in bestimmten Situationen verhalten werden,
- uns auf Reaktionen anderer bewusster einzustellen und unser eigenes Verhalten schon vorab auf diesen Menschen abzustimmen,
- Konflikte besser einzuschätzen und zu lösen,
- andere zu motivieren, zu beraten oder zu überzeugen.

Menschliche Verhaltensdimensionen

Im Folgenden konzentrieren wir uns auf die zwei zuvor erwähnten grundlegenden Verhaltensskalen, um menschliches Handeln greifbarer und verständlicher zu machen. Wir alle bewegen uns auf diesen Skalen mit unterschiedlicher Gewichtung der jeweiligen Verhaltensweisen.

Extraversion – Introversion

Extra- und Introversion sind zwei Ausprägungen einer Verhaltensdimension, die Sie alle kennen und vermutlich schon oft zur schnellen Beschreibung von Menschen verwendet haben. Die Begriffe deuten auf die Art und Weise hin, wie wir mit unserer Umwelt interagieren. Sie können sich hier eine

Skala mit zwei Polen vorstellen: Dabei bewegen sich manche Menschen mehr auf der Seite Extraversion, andere mehr auf der Seite der Introversion:

- **Extravertierte** erkennen wir im Alltag daran, dass sie neuen Erfahrungen und anderen Menschen gegenüber aufgeschlossen sind und gern von sich, ihren Erfolgen oder von besonderen Ereignissen erzählen. Sie zeigen Präsenz und Aktivität.

- **Introvertierte** können dagegen gut mit sich alleine sein und beschäftigen sich gerne mit ihren Gedanken und Erfahrungen. Sie brauchen mehr Zeit, um sich an Menschen zu gewöhnen und verhalten sich in der Gruppe eher ruhig und zurückhaltend.

Beispiel: Nach außen oder nach innen?

Der introvertierte Martin sitzt ruhig, aber konzentriert im Seminar. Er lässt andere grundsätzlich ausreden, bevor er selbst ein zögerliches Statement abgibt. Am Abend zieht er sich auf sein Hotelzimmer zurück, um die Eindrücke des Tages zu verarbeiten und wieder zu Kräften zu gelangen.

Der extravertierte Moritz dagegen ist in der Gruppe nicht zu übersehen, wirft seine Kommentare unaufgefordert in die Runde und nimmt auch körpersprachlich viel Raum ein. Nach dem Seminar initiiert er ein Treffen an der Hotelbar, um den Tag später in lockerer Runde und netten Gesprächen ausklingen zu lassen.

Sachorientierung – Menschenorientierung

Eine weitere wichtige Unterscheidung ist die nach der Art und Weise, wie wir Situationen einschätzen und bewerten und woraus wir letztlich Entscheidungen ableiten. Hier lautet die Verhaltensdimension: sach- und menschenorientiert. Auch hier befinden wir uns irgendwo auf der Skala zwischen den zwei Polen Sachorientierung und Menschenorientierung.

Beispiel: Nutzen versus Wohlfühlen

> Stefanie und Bernd wollen sich ein neues Auto kaufen. Bernd achtet als sach- und nutzenorientierter Mensch auf ein vernünftiges Preis-Leistungs-Verhältnis, also auf Stauraum, Verbrauch, Sicherheit, Kosten. Stefanie begutachtet dagegen als vorwiegend menschenorientierter Mensch das Innere des Wagens, setzt sich hinein und versucht herauszufinden, ob sie und ihre Familie sich darin wohl fühlen werden. Schließlich stellt sich bald Nachwuchs ein, und mit Kinderaugen betrachtet, sieht manches anders aus. Sie denkt auch darüber nach, was wohl ihren Freundinnen gefallen könnte.

- **Sachorientierte Menschen** gehen analytisch und rational vor und leiten Entscheidungen aus nüchternen Überlegungen ab. Tendenziell achten sachorientierte Menschen mehr auf die Sache und eine vernünftige Zielerreichung als auf Menschen, weshalb dieser Verhaltensschwerpunkt auch häufig „aufgabenorientiert" genannt wird. Sie beurteilen Situationen aufgrund von Informationen und Fakten und wirken daher distanziert und kühl. Dennoch bedeutet ihre rationale Vorgehensweise nicht, dass sie ihre Emotionen völlig ausblenden – diese werden aber eher genutzt, um ihre logische Entscheidung zu untermauern. Der Kopf behält als Oberhaupt die Macht. Für diese Menschen werden deshalb im Folgenden auch die Begriffe Kopfmensch oder Denker verwendet.

- **Menschenorientierte Personen** vertrauen eher ihren Gefühlen und geben ihrem Wohlbefinden den Vorrang. Sie beurteilen und entscheiden eher aufgrund ihrer Erfahrungen und berücksichtigen bei ihrer Entscheidung auch die Konsequenzen für ihre Mitmenschen. Für sie sind zwischenmenschliche Aspekte handlungsentscheidend, weshalb dieser Verhaltensschwerpunkt auch oft „beziehungsorientiert" genannt wird. Sie achten bei ihrem Verhalten auf Harmonie und Ausgleich und geben ihrer Bauchstimme den Vorrang. Daher werden im Folgenden für menschenorientierte Personen auch die Begriffe Bauch- oder Gefühlsmenschen gebraucht.

Übung: Wie Sie Ihre Wahrnehmung schärfen

 Achten Sie bei der nächsten Gelegenheit, in der Sie auf fremde Menschen treffen, auf deren Verhaltensmuster. Nehmen Sie Unterscheidungen vor in Bezug auf die genannten Pole Introversion – Extraversion sowie Sach- und Menschenorientierung. So lenken Sie Ihre Wahrnehmung auf wichtige Verhaltensmerkmale und verbessern damit Ihre Menschenkenntnis.

Die Kombinationen

Nun gehen wir noch einen Schritt weiter und kombinieren die auf den vorherigen Seiten beschriebenen Verhaltensskalen miteinander. Die Kombination der zwei Dimensionen ergibt vier verschiedene Persönlichkeitstypen, die in ihrer

Reinform zwar nicht existieren, aber Verhaltensschwerpunkte aufzeigen. Sie dienen als Modell, um Unterschiede besser zu erkennen. So kommen wir auf folgende Verhaltenstendenzen:

1 extravertiert und sachorientiert
2 extravertiert und menschenorientiert
3 introvertiert und menschenorientiert
4 introvertiert und sachorientiert

Worin unterscheiden sich nun diese vier verschiedenen Persönlichkeiten? Anhand eines Beispiels sollen die Unterschiede verdeutlicht werden: Verschiedene Personen planen einen Wochenendausflug auf einem Schiff.

1 Extravertiert und sachorientiert

Beispiel: Aktivitäten unterliegen einem Ziel

> Tim und Rudi stecken gerade in ihrer Ausbildung. Sie haben das Ziel, später als Köche auf einem Schiff zu arbeiten. Dort erwarten sie sich davon Abwechslung und bisweilen neue Herausforderungen. Um sich über die Rahmenbedingungen einer solchen Arbeit klar zu werden, machen sie einen Wochenendausflug auf einem Schiff. Mit an Bord haben sie eine ganze Liste an Fragen und Ansprechpartnern, die ihnen Auskunft über ihren späteren Job geben sollen. Sie wollen die Zeit nutzen, um Klarheit über ihre zukünftigen Aufgaben zu erhalten und dadurch ihre endgültige Entscheidung zu untermauern. Viel Zeit zum Ausspannen und Genießen werden sie sich wohl nicht gönnen – der Laptop steht für Eingaben bereit.

Der extravertierte Kopfmensch hat die Zeit und sein Ziel stets vor Augen. Diesen beiden Kriterien wird so ziemlich alles untergeordnet. Unternimmt er etwas, so hat diese Aktivität Nutzen und Sinn, sonst verschwendet er ja nur Zeit. Dieser Mensch weiß, wohin er will und hat in der Regel eine klare Vorstellung davon, wie er dort ankommt. Wenn andere ihm reinreden, wird dies schon mal mit Ärger oder harscher Kritik quittiert. Dass er manch anderen damit vor den Kopf stößt, nimmt er meist aber gar nicht wahr.

Hohe Leistung und Erfolg sind selbstverständlich – vorankommen und gewinnen, heißt die Devise. Daher wird auch kaum eine andere Persönlichkeit so viele Erfolge vorweisen können wie diese. Freunde und Familie werden oft vernachlässigt, da der Verhaltensfokus auf dem Erreichen von Ergebnissen liegt. So erkennt man den extravertierten Kopfmenschen daran, dass er bereitwillig verantwortungsvolle und zeitintensive Rollen übernimmt, deutlich seine Meinung äußert und immer irgendetwas vorhat. In wirklichen Ruhephasen wird man ihn selten antreffen.

> Ein Hauptunterschied zwischen den sachorientierten und den menschenorientierten Extravertierten liegt in der klaren Ziel- und Ergebnisorientierung des Sachbezogenen, die oft in Form von Alleingängen gelebt wird. Sorglos den Augenblick zu genießen und über Gefühle zu plaudern, ist dem Kopfmenschen völlig fremd.

2 Extravertiert und menschenorientiert

Beispiel: Gemeinsam etwas erleben

 Simone, Petra und Claudia haben sich ganz spontan für den Schiffsausflug am Wochenende entschieden. Sie unternehmen öfter etwas gemeinsam, probieren aber immer wieder etwas

Neues aus. Es geht ihnen darum, Abwechslung und Spaß zu haben, das Ziel der Reise bzw. die Reiseroute ist ihnen dabei ziemlich egal – Hauptsache die Sonne scheint! Beim Ablegen scherzen sie voller Vorfreude an Deck, winken den Zurückgebliebenen aufgekratzt zu und knüpfen bereits erste Kontakte mit Mitreisenden. Den Prosecco hat Petra für die Damenrunde auch schon bestellt.

Extravertierte Gefühlsmenschen fallen Ihnen in der Regel gleich auf. Sie haben das, was man im Allgemeinen unter Präsenz versteht. Sie bringen sich mit ihrer kommunikativen Art jederzeit ein und lieben es, etwas Neues auszuprobieren. Ihr Leben findet im Hier und Jetzt statt. Sowohl im Berufs- wie auch im Privatleben haben Spaß und Abwechslung für sie einen hohen Stellenwert. Eintönige Aufgaben oder langweilige Zeitgenossen zermürben sie. Daher initiieren diese Menschen ständig etwas anderes, ohne das Begonnene zwingend zu Ende zu bringen. Dass dadurch schon mal Chaos entsteht und Vereinbarungen vergessen werden, nehmen sie billigend in Kauf. Selbst- und Zeitmanagement gehören nicht zu den persönlichen Stärken. Der Fokus liegt auf dem aktuellen Erleben und weniger auf dem Planen der Zukunft oder dem Erreichen eines bestimmten Ziels.

Da sie sich ungern einengen oder etwas vorschreiben lassen wollen, lieben sie Berufe, in denen sie ihre Arbeitszeit und Abläufe möglichst frei gestalten können. Allerdings sind sie dabei Teamplayer und keine Einzelgänger. Gemeinsam etwas auf die Beine zu stellen und zu erleben, macht ihnen eben am meisten Spaß.

Im Gegensatz zu den introvertiert Menschorientierten lieben die Extravertierten ihre Freiheit und Flexibilität. Sie stellen auch eher sich selbst in den Mittelpunkt als andere, nehmen dabei viel Raum ein. Ihr Bekanntenkreis ist groß und nicht unbedingt stabil.

3 Introvertiert und menschenorientiert

Beispiel: Stabile, harmonische Beziehungen

Sylvia und Emma kennen sich schon seit ihrer Schulzeit und sind inzwischen 35 Jahre befreundet. Einmal im Jahr unternehmen sie etwas gemeinsam. Meist treffen sie sich dafür am selben Ort. Sie genießen diese Zeit immer sehr, da sie sich über ihren Alltag austauschen und gegenseitig emotionalen Halt geben können. Zuhören und mitfühlen zählen zu ihren Stärken. Als das Schiff ablegt, stehen sie zufrieden an der Reling und schauen stumm dem Treiben zu. Sie freuen sich innerlich sehr auf das bevorstehende Wochenende und wissen, dass sie darüber keine großen Worte verlieren müssen.

Der introvertierte Gefühlsmensch strahlt Ruhe und Gelassenheit aus. Er bleibt im Hintergrund, außer wenn es darum geht, andere zu unterstützen. Im Familien- und Freundeskreis fühlt er sich wohl, wie auch dort, wo er Sicherheit und Vertrauen verspürt. Daher braucht diese Persönlichkeit auch ein Arbeitsumfeld, das Beständigkeit und stabile zwischenmenschliche Beziehungen aufweist. Dazu gehören beispielsweise routinierte Abläufe mit überschaubarem Entscheidungsrahmen und weitestgehend feste Arbeitszeiten. So kann sich der Beziehungsmensch auch seinem Privatleben ausreichend widmen.

Da dieser Mensch Stabilität und Zuverlässigkeit schätzt, wird man ihn nicht nur als langjährigen loyalen Mitarbeiter erkennen, sondern auch als den Nachbarn, der regelmäßig im Herbst die Hecke schneidet und stets mit Eiern aushilft. Diese grenzenlose Hilfsbereitschaft, gepaart mit dem Wunsch nach Harmonie, hat natürlich auch ihre Kehrseite: Die eigenen Bedürfnisse kommen zu kurz, da ‚Nein' sagen extrem schwer fällt.

> Die menschenorientiert Introvertierten unterscheiden sich von den Sachorientierten darin, dass sie stets die zwischenmenschliche Atmosphäre im Blick haben und nicht das konkrete Vorgehen. Sie müssen nicht alles planen und im Griff haben. Sie brauchen eher ein offenes Ohr als einen konkreten Rat.

4 Introvertiert und sachorientiert

Beispiel: Alles nach Plan

> Clara und Paul planen schon seit Wochen diesen Ausflug. Sie haben sich überlegt, welche Stadt sie noch nicht kulturell erkundet haben und wie sie kostengünstig dort hinkommen könnten. Paul hat dafür verschiedenste Angebote verglichen. Selbstverständlich hat er auch die Übernachtungsmodalitäten geprüft und die Sicherheit an Bord hinterfragt. Nun, als das Schiff ablegt, verfolgen die beiden kritisch aus dem Innenraum das Ablegeprozedere und hoffen, dass alles planmäßig verläuft. Mit der Lautstärke und Hektik können sie gerade nur schwer umgehen – sie werden sich bald auf ihre Kabine zurückziehen und sich auf die Ausflugsziele vorbereiten.

Der introvertierte Kopfmensch hat den Blick auf Fakten, Aufgabenerledigung und Problemlösung gerichtet. Er steigt meist tief in Themen ein, häuft Wissen an, will kompetent sein. Damit wirkt er auf andere kühl und distanziert, aber professionell. Oft arbeitet er Nächte durch, um Fehler aufzuspüren oder perfekte Lösungen zu finden. Berufe, in denen Zahlen und Fakten oder die strikte Einhaltung von Prozessen gefragt sind, bieten optimale Voraussetzungen für ihn.

Ordnung und Disziplin werden beim introvertierten Kopfmenschen großgeschrieben. Regelverstöße kann er nicht leiden. Das eigene Umfeld ist stets vorbildlich organisiert. Dass er sich durch diese Strenge auch sein eigenes Martyrium schafft und ein Voranschreiten oft behindert, ist für ihn aufgrund der zugleich gewonnenen Sicherheit gut zu ertragen.

Unterschiede im beruflichen Alltag erkennen

Im beruflichen Miteinander zeigen sich die jeweiligen Verhaltensschwerpunkte aufgrund der Rahmenbedingungen jedoch manchmal in anderer Form als im Privaten. Wechselwirkungen mit Kollegen entstehen und sie verlaufen nicht immer ohne Spannungen (siehe „Wie Sie sich auf Menschen einstellen").

Beispiel: Verschiedene Persönlichkeiten im Berufsalltag

Pünktlich um 07:00 Uhr betritt der Schadenssachbearbeiter **Rudi Richter (introvertiert, sachorientiert)** wie jeden Morgen seit 20 Jahren das Firmengelände eines Versicherungskonzerns. Im Büro beginnt er gleich mit der Abarbeitung seiner Aufgaben. Seinen Wochenplan hat er bereits vergangenen Freitag aufgestellt. Small Talk mit Kollegen ist nicht sein Ding. Er schätzt einen geregelten Tagesablauf ohne große Überraschungen. Beim Bearbeiten der Schadensfälle geht er stets gewissenhaft und analytisch vor und hat schon so manchen Versicherungsbetrug aufgedeckt. Er hält sich genau an die Vorgaben und Richtlinien des Konzerns.

07:30 Uhr. Anneliese Heim (introvertiert, menschenorientiert) öffnet sanft die Tür zum gemeinschaftlichen Büro. Sie ist Sachbearbeiterin und Sekretärin der Abteilung. Sofort schenkt sie ihrem Kollegen ein warmes Lächeln: „Guten Morgen, lieber Rudi, wie geht es dir? Soll ich dir einen Tee kochen?" Sie schätzt ihren Kollegen wegen seiner Zuverlässigkeit sowie seines Fachwissens und ist froh, dass er sie fachlich unterstützt. „Guten Morgen", entgegnet Rudi Richter etwas barsch. „Nein, danke, ich muss das hier berechnen, später vielleicht", und versteckt sich wieder hinter seinem Bildschirm. Da Anneliese Heim merkt, dass sie kein Gehör findet, geht sie in die Küche. Sie braucht jeden Morgen etwas Zeit, um anzukommen. Also setzt sie Teewasser auf und versorgt die Blumen.

08:00 Uhr. Von draußen hört man die schnellen, festen Schritte von **Stefan Schnell (extravertiert, sachorientiert)**, dem Abteilungsleiter. Er war am Morgen joggen und geht nun direkt in sein hochwertig eingerichtetes Büro. Mitarbeiter zu begrüßen, davon hält er nichts. Man sieht sich später ohnehin beim Meeting. Um 08:30 Uhr hat er den ersten Termin, um 10:00 Uhr die wöchentliche Abteilungsbesprechung usw. – der Tag ist voll mit Arbeit. Schließlich will Stefan Schnell seine Ziele erreichen. Daher muss er die Agenda für die Teambesprechung gleich noch von Anneliese Heim um zwei strategisch wichtige Themen erweitern lassen.

09:30 Uhr. Helga Fröhlich (extravertiert, menschenorientiert) kommt vergnügt zur Tür herein. „Einen wunderschönen guten Morgen wünsche ich! Ich hoffe, ihr seid alle schön fleißig?!", und lacht laut. „Gibt's irgendwo Kaffee?", fragt sie und schaut Anneliese Heim an. „Klar, hier!", entgegnet diese freundlich. Helga Fröhlich schenkt sich ein, setzt sich und wirkt etwas erschöpft: „Puh, das war ein Wochenende! Bis Sonntagmorgen gefeiert – ich bin noch gar nicht richtig wach. Und jetzt auch noch unsere Besprechung." Sie verzieht ihr Gesicht. „Ich müsste eigentlich gleich zum Kunden. Dem hab' ich versprochen, dass ich am

Montagmorgen vorbeikomme." Helga Fröhlich liebt den Kontakt zu Menschen und ihren Außendienstjob. Außerdem genießt sie die Freiheit, ihre Arbeitszeiten flexibel zu gestalten.

Motive und Werte – die Antreiber für Handlungen

Was ist uns wichtig im Leben? Warum tun wir bestimmte Dinge? Was wollen wir damit erreichen? Motive und Werte stellen die – bewussten oder unbewussten – Hintergründe unseres Handelns dar. Sie sind Antreiber, Richtungsgeber, Sinnstifter. Jeder Mensch trägt eine Reihe von Motiven und Werten in sich, deren Ausprägung aber von Person zu Person verschieden ist.

Motive geben unserem Verhalten ein Ziel

Wonach streben wir? Der eine möchte ein großes Auto, der andere eine große Familie. Der eine fühlt sich wohl, wenn er seinen Alltag möglichst selbstbestimmt gestalten kann, der andere braucht klare Vorgaben und Strukturen. Unsere Motive sind sehr unterschiedlich – es gibt aber bestimmte Motive, die auf viele Menschen zutreffen.

Auf der nächsten Seite finden Sie eine Übersicht.

Die 10 häufigsten Motive

1 **Ehrgeiz**: Neigung, Ziele zu erreichen und Hindernisse zu überwinden, so schnell und so gut wie möglich.

2 **Machtstreben**: Wunsch, Kontrolle über seine Umgebung sowie über das Verhalten seiner Mitmenschen auszuüben.

3 **Leistungsstreben**: Drang zum Erreichen von Höchstleistungen und Erfolg. Hoher Anspruch an sich selbst.

4 **Wettbewerbs-/Gewinnstreben:** Man will sich mit anderen messen und als Sieger hervorgehen. Es braucht immer wieder den Beweis, der Beste zu sein.

5 **Statusdenken**: Streben nach „social standing", nach Reichtum, Titeln und öffentlicher Aufmerksamkeit.

6 **Wunsch nach sozialer Bindung**: Streben nach Familienleben und besonders danach, eigene Kinder zu erziehen.

7 **Kontrollbedürfnis**: Wunsch, Dinge im Griff zu haben. Alles soll nach Plan laufen. Fehler dürfen nicht passieren.

8 **Sicherheitsbedürfnis**: Wunsch nach klaren Strukturen und Regeln sowie stabilen Arbeitsbeziehungen.

9 **Unabhängigkeitsstreben**: Streben nach Freiheit, Selbstgenügsamkeit und Autarkie.

10 **Bedürfnis nach Anerkennung**: Streben nach sozialer Akzeptanz, Zugehörigkeit und positivem Selbstwert.

Beispiel: Andere Menschen – andere Motive

Rudi Richter fühlt sich wohl, wenn er möglichst ungestört fachliche wie qualitative Höchstleistungen bringen kann. Er schätzt einen geregelten Tagesablauf ohne große Überraschungen und braucht klare Strukturen. Zahlen und Fakten ergänzen sein Bedürfnis nach fundierten Aussagen und sicheren Entscheidungen. Rudi Richter will keine Fehler machen. Auch ein sicherer Arbeitsplatz bedeutet ihm viel (Sicherheits- und Kontrollbedürfnis).

Anneliese Heim ist die gute Seele der Abteilung. Ihr ist es wichtig, für ein angenehmes Betriebsklima zu sorgen, freundlich und hilfsbereit zu sein. Sie kümmert sich auch liebevoll um die Pflanzen und hält Kontakt zur Nachbarabteilung. Sie hat eine Engelsgeduld und schätzt es, für ihre Bemühungen ein persönliches Dankeschön zu bekommen (Bedürfnis nach Anerkennung, sozialer Bindung).

Stefan Schnell absolvierte sein Studium mit Bestnoten. In seiner 8-jährigen beruflichen Laufbahn hat er inzwischen eine mittlere Führungsposition erreicht. Er denkt strategisch, behält immer den Überblick und lässt andere die Kleinarbeit machen (Ehrgeiz, Macht- und Leistungsstreben, Statusdenken).

Helga Fröhlich liebt es, als Außendienstmitarbeiterin unterwegs zu sein. Sie gestaltet ihren Tag, wie sie es für richtig hält und geht gern unkonventionelle Wege. Dass sie stets gute Ergebnisse bringen und im Vergleich mit anderen immer besser abschneiden will, ist für sie selbstverständlich (Wettbewerbs- und Unabhängigkeitsstreben).

Vor allem im beruflichen Kontext ist es unerlässlich, auf die verschiedenen Motive der Mitarbeiter und Kollegen zu achten. Motive steuern, welche Aufgaben uns Spaß machen, welche Rollen wir übernehmen wollen und worin wir erfolgreich sind. So wird ein leistungs- und erfolgsgetriebener Mensch mit starkem Durchsetzungs- und Entscheidungswillen in die Führungsetagen drängen, während ein qualitätsund sicherheitsbewusster Mensch ohne Statusanspruch lieber als IT-Spezialist Probleme löst.

> Menschen werden von unterschiedlichen Motiven angetrieben. Unterstellen Sie anderen deshalb nicht *Ihre* Motive, sondern akzeptieren Sie, dass andere Menschen von anderen Aspekten gesteuert werden. Für ein besseres Verständnis ist es hilfreich herauszufinden, welche das sind.

Übung: Erstellen Sie Motivationsprofile

 Priorisieren Sie für sich selbst die oben genannten Lebensmotive. Was ist Ihnen besonders wichtig? Überlegen Sie auch, welche Motive für Ihre Familienmitglieder oder Kollegen an erster Stelle stehen. Worin liegen hier die Unterschiede zwischen Ihnen und den anderen und wie äußern sich diese im Alltag und in der gemeinsamen Kommunikation?

Es wird für Sie auf Ihrem Weg zur besseren Menschenkenntnis hilfreich sein, Ihre eigenen Motive zu kennen, um Unterschiede zu anderen Menschen festzustellen. Ein Beispiel: Die Übung zeigt Ihnen etwa, dass Ihnen Leistung, Unabhängigkeit und Status wichtig sind und dass Sie diese Motive in eine Führungsposition gebracht haben. Relativ leicht können Sie dann ableiten, dass Ihr Mitarbeiter, der gewissenhaft und formal ist sowie regelmäßig um 17:00 Uhr das Büro verlässt, eher gesteuert wird von dem Bedürfnis nach Sicherheit und einem harmonischen Familienleben. Sie werden ihn folglich kaum von Sonderprojekten, regelmäßigen Überstunden oder einer verantwortungsvollen Leitungsrolle überzeugen können. Übrigens: Ob ein Mensch am Arbeitsplatz motiviert ist oder nicht, hängt natürlich auch von einigen „äußeren" Faktoren ab, z.B. der Fehlerkultur im Betrieb, dem Verhältnis zum Vorgesetzten, den Entwicklungsmöglichkeiten oder der Zusammenarbeit im Team.

Motive können sich ändern

Menschen werden nur dann zufrieden sein und Höchstleistungen bringen, wenn sie ihre persönlichen Motive leben dürfen. Motive sind jedoch nur bedingt stabil. Jeder trägt eine individuelle Zusammensetzung von Motiven in sich, die sich über die Jahre auch ändern können. Wer Menschen führt, sollte das Motivationsprofil seiner Mitarbeiter also von Zeit zu Zeit überprüfen, um beste Einsatzmöglichkeiten zu schaffen.

Beispiel: Wie sich Motive ändern

Frau Greiner steht nun 12 Jahre im Berufsleben und feierte gerade ihren 35. Geburtstag. Sie hat viel erreicht und fühlt sich ausgepowert, will jetzt eine Familie gründen. Sie plant, nach der Geburt ihres Kindes nur noch zwei Tage die Woche zu arbeiten. Sie will für ihr Kind eine gute Mutter sein.

Werte geben unserem Verhalten Sinn

Auch Werte lenken unsere Entscheidungen. So zählen für viele Menschen Ehrlichkeit, Zuverlässigkeit und Treue zu unverzichtbaren Verhaltensweisen im zwischenmenschlichen Bereich. Andere wiederum schätzen ihre Freiheit und Autonomie und möchten sich daher von niemandem einengen lassen. Wie bei den Motiven tragen wir alle eine ganz individuelle Zusammensetzung von Werten in uns. Wer sich als

Mitarbeiter in einem Kollegen- oder Unternehmensumfeld bewegt, mit dessen Wertesystem er sich nicht identifizieren kann, wird sich im täglichen Miteinander schwer tun. Konflikte, Widerstände, Minderleistung, Krankheit oder auch Kündigung sind mögliche Folgen dieser Unzufriedenheit.

Beispiel: Wenn Wertvorstellungen auseinander gehen

 Corinna arbeitet in einem Pflegeheim. Ihr ist es ungemein wichtig, hilfebedürftige Menschen zu unterstützen und ihnen ihren Lebensabend so angenehm wie möglich zu gestalten. Sie opfert sehr viel von ihrer Freizeit, um mit den alten Menschen z. B. im Heim spazieren zu gehen. Die Heimleitung achtet jedoch in erster Linie auf Aufwand und Nutzen. Kosten müssen gesenkt, intensive Betreuung eingeschränkt werden. Corinna wird angehalten, Patienten im Bett zu fixieren und gemeinsame Aktivitäten zu unterlassen.

Persönliche Wertvorstellungen und die des Arbeitgebers müssen harmonieren, sonst befindet sich der Mitarbeiter permanent in einem Zwiespalt. Auch unter Kollegen können Unterschiede in den Wertvorstellungen das Miteinander erheblich beeinträchtigen. Muss ein Mensch, der sehr auf Zuverlässigkeit und Ordnung bedacht ist, mit einer Person zusammenarbeiten, die vor allem Wert auf Spaß und Spontaneität legt, sind die Konflikte vorprogrammiert. Zu sehr driften dann die Werte und Verhaltensweisen auseinander. Hier hilft es, einen Rahmen festzulegen, in dem sich alle bewegen müssen, innerhalb dessen aber auch Freiraum für den einzelnen herrscht. Erfragen Sie daher die Werte Ihrer Kollegen und Mitarbeiter und entwickeln Sie gemeinsam Umgangsregeln, mit denen sich alle einverstanden erklären können.

Übersicht: Motive und Werte sind unterschiedlich	
extra-vertiert, sach-orientiert	▪ Streben nach Leistung, Erfolg, Macht, Status ▪ Wunsch nach neuen Herausforderungen, Verantwortung, Selbständigkeit ▪ Stellenwert haben: Zielerreichung, Ergebnisse, Statussymbole, Autonomie
extra-vertiert, menschen-orientiert	▪ Streben nach Anerkennung, Unabhängigkeit, Individualität ▪ Wunsch nach Gemeinsamkeit, Wir-Gefühl, Kommunikation, spannenden Erlebnissen ▪ Hohen Stellenwert haben: Freiheit, Spaß, Abwechslung, Optimismus, Genuss, das Erleben über die verschiedenen Sinne
intro-vertiert, menschen-orientiert	▪ Streben nach Harmonie, Sicherheit, Vertrauen, sozialen Bindungen ▪ Wunsch nach Stabilität, Unterstützung, Wertschätzung, Gemeinsamkeit ▪ Hohen Stellenwert haben: Familie, Freunde, eine positive / vertrauensvolle Atmosphäre, Ehrlichkeit, Verlässlichkeit
intro-vertiert, sach-orientiert	▪ Streben nach Perfektionismus, höchster Qualität, bester Problemlösung ▪ Wunsch nach Sicherheit, Kontrolle, Regeln ▪ Hohen Stellenwert haben: Lösungen, Fakten, Logik, Verlässlichkeit, Kompetenz

Einstellungen und Haltungen – wie wir der Umwelt begegnen

Sie kennen das viel zitierte Wasserglas, das für den einen halbvoll und für den anderen halbleer ist. Wie kommt das? Nun, das hängt an unserer Sicht der Dinge. Die einen gehen grundsätzlich positiv und optimistisch durchs Leben und sehen damit die Möglichkeiten, die aus einem halb gefüllten Wasserglas entstehen können. Die anderen sehen dagegen den Mangel und bedauern, wie wenig nur noch übrig ist. Unsere Einstellungen, Haltungen und Überzeugungen schaffen somit für uns Tatsachen und haben starken Einfluss auf unsere Empfindungen und Verhaltensweisen.

Wie Einstellungen entstehen

Unsere Einstellungen sind das Resultat unserer Erfahrungen. Zum Teil sind dies Kindheitserfahrungen, die uns geprägt haben, wie z. B. die Erfahrung, dass man sich Anerkennung verdienen muss. Zum anderen entwickeln wir selbst aus unserer Lebenserfahrung Haltungen und Einstellungen. Aus unserer Kindheitserfahrung, stets Liebe und Aufmerksamkeit zu erlangen, wenn man etwas Tolles gemacht hat, kann die Einstellung entstanden sein, dass man grundsätzlich viel leisten und erreichen muss, um Anerkennung zu erhalten.

Eine völlig andere Erfahrung in späteren Jahren kann sein, dass Vorgesetzte eigennützig Macht ausüben und nur für ihre eigene Karriere sorgen. Daraus wiederum kann die Überzeugung entstehen, dass alle Führungskräfte so ticken. Die

Haltung Vorgesetzten gegenüber wird dann von höchster Skepsis und Zurückhaltung geprägt sein. Unsere Einstellungen lassen sich jedoch durch neue Erfahrungen oder andere Sichtweisen auch verändern. So können wir z.B. durch positive Erfahrungen mit einem neuen Chef unsere grundsätzlich negative Einstellung gegenüber Führungskräften revidieren.

Wie uns unsere Einstellung beeinflusst

Unsere Haltung bewirkt auch, dass wir ganz bestimmte Gedanken und Gefühle für eine Situation, eine Aufgabe oder einen Menschen entwickeln. So können wir mit einer positiven Einstellung bessere Ergebnisse erzielen, während wir mit Angst und Skepsis kaum etwas Positives erreichen werden.

Beispiel: Einstellungen beeinflussen Ergebnisse

 Herr Althoff fiebert einem Kundentermin entgegen. Er ist davon überzeugt, heute eine Unterschrift für einen großen Auftrag zu bekommen. Die Rahmenbedingungen sind zwar nicht optimal, aber Althoff lenkt seinen Blick auf die Vorteile, die sein Leistungspaket bietet, und hat die Einstellung, dass sein Unternehmen wirklich tolle Produkte herstellt. Außerdem sieht er im Kunden einen aufgeschlossenen Menschen, mit dem er gerne zusammenarbeitet. Mit dieser Haltung tritt er dem Kunden gegenüber – und bekommt am Ende die Unterschrift.

Selbstbild und Selbstwert: Einstellung zum eigenen Ich

Unser Selbstbild ist im Prinzip ebenfalls eine Einstellung – und zwar uns selbst gegenüber. Es ist die Vorstellung, die wir von uns selbst haben, d.h., wie wir uns selbst wahrnehmen. Wir haben einen ganz bestimmten Eindruck von unseren Eigenschaften und Fähigkeiten und davon, wie wir auf andere wirken.

Unser Selbstbild entscheidet über unser Selbstwertgefühl. Haben wir ein positives Selbstbild, verfügen wir über ein positives Selbstwertgefühl. Ein negatives Bild von uns selbst geht mit Minderwertigkeitsgefühlen einher. In der Folge meiden wir soziale Kontakte und entwickeln Ängste. Unser Selbstwert ist also die subjektive Bewertung unserer eigenen Persönlichkeit. Was wir tun, wird immer auch von unserem Selbstwert gesteuert: Er bestimmt die Zufriedenheit mit uns selbst und beeinflusst, ob wir Erfolg oder Misserfolg haben. Er bedingt, wie wir anderen gegenüber auftreten und was wir von uns zeigen. Wenn wir uns als Versager betrachten, werden wir immer wieder Aktivitäten kreieren, in denen wir versagen können.

Wie wir unseren Selbstwert schützen

Reden andere schlecht über uns oder kritisieren uns, fühlen wir uns oft in unserem Selbstwert getroffen. Grundsätzlich versuchen wir dann, unser Selbstwertgefühl zu stärken bzw. zu schützen. So entspringt manch irrational erscheinende Reaktion dem Bedürfnis, den eigenen Selbstwert zu erhöhen.

Beispiel: Angriffe auf den Selbstwert

 Herr Mertens und Frau Bauer reden seit längerem nicht mehr miteinander. Herr Mertens hatte im Gespräch mit einer gemeinsamen Kollegin Frau Bauer als „Klatschtante" bezeichnet. Dies war Frau Bauer zu Ohren gekommen. Im Gegenzug enthält sie nun Herrn Mertens wichtige Informationen vor. Sie empfindet sein Lästern als unverschämt und (unbewusst) als Angriff auf ihren Selbstwert.

Auch Sie werden schon beobachtet haben, dass manche Kollegen nicht mehr miteinander sprechen und vielleicht nur noch schriftlich kommunizieren. Arbeitsprozesse verzögern sich, die Qualität leidet. Der im Selbstwert getroffene Mitarbeiter will mit seinem veränderten (destruktiven) Verhalten demonstrieren, dass er Macht ausüben kann. Er will sich bewusst am anderen rächen, ihn treffen oder ihm Schaden zufügen, um selbst wieder besser dazustehen. Im Umgang mit anderen sollten wir dieses Grundbedürfnis, den Selbstwert zu schützen, immer im Auge behalten.

Viele (Handlungs-)Entscheidungen werden nicht wirklich aufgrund rationaler Überlegungen getroffen, sondern haben vielmehr mit der Beziehungsqualität zwischen den Beteiligten zu tun. Überprüfen Sie daher immer wieder, wie es um diese bestellt ist, und sprechen Sie Ihre Eindrücke offen aus.

Gestalter oder Opfer

Welchen Einfluss schreiben Sie sich selbst zu? Sind Sie eher der Aktive, der Gestalter, der sich seiner Wirkkraft bewusst ist, oder der Passive, der sich eher als Opfer betrachtet und kaum Einfluss auf die Umwelt nehmen kann? Der Gestalter hat

Sätze wie „Nur wer fleißig und diszipliniert arbeitet, kann Erfolg haben" verinnerlicht, während ein Mensch in der Opferhaltung davon überzeugt ist: „Ich kann eh nichts machen".

Beispiel: Aktiv und passiv

Herr Fischer und Herr Weiß besitzen beide ein Restaurant mit anschließendem Biergarten. Da der Sommer gerade verregnet ist, bleibt der Biergartenbetrieb weit unter den Erwartungen. Herr Fischer beschließt, besondere Events anzubieten, um dennoch Kunden in sein Lokal zu locken. Herr Weiß zieht sich dagegen in die Jammerrolle zurück, weil er das Wetter ja nun wirklich nicht beeinflussen kann.

In der Gestalterrolle nehmen Sie nicht nur die widrigen Umstände wahr, sondern suchen nach Auswegen. Sie nehmen Dinge, die Sie nicht ändern können hin, und lenken Ihre Aufmerksamkeit auf die Bereiche, die Sie steuern können. In der Opferrolle sind Sie dagegen nur auf die negativen Aspekte fokussiert – und damit blockiert. Dass diese gegenläufigen Einstellungen gerade im beruflichen Kontext zu Konflikten führen können, liegt auf der Hand. Die einen sehen sich dann als diejenigen, die die Firma retten, die anderen werden als Blockierer gesehen, die nur ständig jammern und sich nicht verändern wollen.

Einstellungen bei beziehungsorientierten Menschen

Gemeinsam ist den menschenorientierten Personen, dass sie positive Beziehungen zu anderen Menschen unterhalten wollen, denn Beziehungen werten sie als Bereicherung. Beim

Extravertierten zeigt sich diese Einstellung in einem großen Bekanntenkreis, während der Introvertierte eher einen kleinen vertrauten Freundeskreis und den Familienzusammenhalt pflegt. Gemeinschaftliches Handeln empfinden beide Persönlichkeitstypen – wenn auch aus unterschiedlichen Motiven heraus – in der Regel angenehmer als alleine etwas zu bewerkstelligen. Daher kann man sie auch als Teamplayer bezeichnen. Die Unterschiede liegen aber ganz klar in der Einstellung zu sich selbst sowie der Haltung Neuem und Machbarem gegenüber.

Der extravertierte, beziehungsorientierte Mensch

Hier herrscht die Einstellung vor: Alles ist machbar! Was kostet die Welt? Kleine Brötchen backen – das können andere. Ist mal was schief gegangen? Na, macht doch nichts! Das nächste Mal schaffen wir's! Der grenzenlose Optimismus, der oft auch Tatsachen ignorieren lässt, zieht diesen extravertierten Menschen auch nach Niederlagen und emotionalem Tiefstand wieder aus dem Sumpf. Das ist seine große Stärke. Er lässt sich einfach nicht unterkriegen. Und durch die positive Grundhaltung Menschen, Ereignissen und sich selbst gegenüber ist dieser Mensch auch durchaus auf Erfolgskurs. Seine Karriere verläuft zwar vermutlich nicht ganz geradlinig, aber er wird viel Erfahrung auf unterschiedlichsten Gebieten vorzuweisen haben. Dies lässt sich dadurch erklären, dass die klare Zielorientierung und das entsprechende Durchhaltevermögen bei ihm fehlen. Die Lust auf Neues und seine Spontanität sind meist größer als die Fähigkeit, konsequent bei einer Sache zu bleiben und sich durchzubeißen.

Der introvertierte, beziehungsorientierte Mensch

Diesem Menschen geht es darum, für andere mitzudenken und dem Gemeinwohl zu dienen. Er setzt sich daher gerne für andere ein und ist auch sonst der Meinung, dass man nur in einer positiven, sprich harmonischen, Atmosphäre gute Leistungen erbringen und sich wohl fühlen kann. Moderieren, kooperieren und schlichten sind somit Verhaltensweisen, die diesen Einstellungen folgen, während Konflikten eher aus dem Weg gegangen wird.

Sich selbst gegenüber hat er eher eine negative Einstellung, wie „Man sollte sich selbst nicht so wichtig nehmen" oder „Andere können das viel besser als ich". Daher macht er sich anderen gegenüber eher klein und tritt, was das eigene Vorankommen angeht, auf der Stelle. Die eigene Definition als Opfer bringt Passivität, Widerstand oder Jammern mit sich. Der eher geringe Selbstwert, der vielen menschenorientierten Introvertierten eigen ist, bewirkt, dass neue Anforderungen als Bedrohung erlebt und Verantwortung eher an andere abgegeben werden. Der große Erfolg wird durch die eigene Abwertung meist verhindert.

Einstellungen bei aufgabenorientierten Menschen

Aufgaben oder Probleme sind da, um gelöst zu werden. Hierfür wenden diese kopfgesteuerten Menschen dann auch ihre meiste Energie auf. Der Extravertierte betrachtet jedoch so ziemlich alles als Herausforderung, der er sich stellen will, während der Introvertierte die Welt um sich herum eher negativ erlebt: Er sieht überall Risiken, Fehler und Nachteile.

Der extravertierte, sachorientierte Mensch

Ohne Ziele geht's nicht im Leben des extravertierten Denkers. Man muss ja etwas erreichen – es muss vorangehen. Dazu hat jeder seinen Beitrag zu leisten oder kurz: zu funktionieren, und zwar ohne große Kompromisse genauso, wie sich das dieser Mensch in den Kopf gesetzt hat. Die Zielerreichung muss sichergestellt werden, egal wie. Diese Hartnäckigkeit, gepaart mit einer positiven Einstellung zur eigenen Leistungs- und Erfolgsfähigkeit macht diesen Menschen in der Regel sehr mächtig. Dass diese Dominanz manche erdrückt, ist für den sachorientiert Extravertierten zwar meist gar nicht erkennbar – aber grundsätzlich für ihn auch akzeptabel. Es herrscht eben nicht die Einstellung vor, es muss allen gut gehen, sondern es müssen Ergebnisse erzielt werden.

Der introvertierte, sachorientierte Mensch

Gut ist nicht gut genug – denn für den introvertierten Denker muss alles perfekt sein. Und dies setzt in der Regel eine saubere Planung voraus. So muss alles durchdacht sein, bevor gehandelt wird. Fehler dürfen nicht passieren, selbst eine Abweichung vom Plan wird schwer akzeptiert. In diesem Zusammenhang steht auch seine Devise: Vertrauen ist gut, Kontrolle ist besser. Nur durch genaue Prüfprozesse lassen sich eben Fehler vermeiden, und die Wahrscheinlichkeit steigt, die Dinge im Griff zu haben. Um dem extrem hohen

Anspruch gerecht zu werden, steht auch die eigene Persönlichkeit ständig unter Aufsicht und Beschuss. Dieser Mensch weiß zwar, dass er etwas kann, vieles ginge aber halt noch besser. So ist seine Haltung sich selbst gegenüber höchst kritisch, und er findet immer etwas, das es zu bemängeln gibt. In der Folge leiden bisweilen Selbstwert und Außenwirkung, denn Eigenleistung und Person werden als nichts Besonderes betrachtet (obwohl Arbeitsqualität und Wissen in der Regel extrem hoch sind).

Emotionen – wichtige Informanten

Emotionen bereichern unser Leben, können aber auch manchmal zerstörerisch wirken. Sie nehmen (oft unbewusst) Einfluss auf unser Verhalten, sind andererseits aber auch gezielt steuerbar. Woher kommen sie also und welchen Sinn haben sie? Und wie kommt es, dass manche Menschen immer fröhlich zu sein scheinen, während andere meist griesgrämig schauen?

Wie Gefühle entstehen und verarbeitet werden

Ein Gefühl ist – ganz allgemein ausgedrückt – eine Reaktion auf einen Reiz. Dabei kann dieser Reiz von außen auf uns einströmen (z. B. der Kommentar eines Menschen oder der Dauerlärm der gegenüberliegenden Baustelle) oder er kann aus unserem Inneren entstehen. So produzieren unsere Gedanken, Bilderwelten und Haltungen entsprechende Emotionen. Wichtig ist dabei aber, wie der Reiz von uns bewertet wird. Nicht bei jedem Menschen schlägt das Herz beim Anblick eines schicken Sportwagens schneller, und nicht jeder ist bei negativer Kritik gleich verärgert oder eingeschüchtert. Was die Situation also mit uns macht, ist abhängig von unserer persönlichen Lerngeschichte.

Beispiel: Es kommt auf die Bewertung an

Kai hat in seiner Vergangenheit die Erfahrung gemacht, dass Arbeiten in einem Team immer irgendwann zu Stress führt. Absprachen werden nicht eingehalten, Eigeninteressen stehen im Vordergrund, Fehler werden anderen untergeschoben usw. Nun bewirbt er sich in einem anderen Unternehmen und erhält die Info, dass dort Teamarbeit großgeschrieben wird. Sofort steigen verschiedene negative Emotionen in ihm auf. Er empfindet Unbehagen und Angst, dass er dem Job nicht gewachsen ist.

Kai erhält also bei dem Stichwort „Teamarbeit" gefühlsbezogene Informationen aus seinem Inneren. Dies lässt sich so erklären, dass Gefühle auf Erfahrungen basieren. Unser Körper speichert Ereignisse in Verbindung mit einer individuellen Bewertung. Genau das, was wir früher in dieser Situation empfunden haben, wird tief in unseren Zellen abgelegt und steht für spätere Situationen als Information zur Verfügung. Kai hat Teamarbeit für sich als extrem negativ abgespeichert und wird aus dieser Erfahrung heraus wohl kaum den Job annehmen.

Dieses Zugreifen auf unseren emotionalen Gedächtnisspeicher geschieht unbewusst. Das limbische System, das der Verarbeitung von Emotionen dient, reagiert hier unaufgefordert und blitzschnell – was ein Relikt unserer Vorfahren ist, die sofort auf bedrohliche Reize reagieren mussten. Erst in einem zweiten Schritt werden diese emotionalen Inhalte mit unseren rational agierenden Gehirnteilen verknüpft. Im Neocortex werden die gesamten Informationen zusammengeführt, genauer betrachtet, miteinander in Beziehung gesetzt, Konsequenzen bedacht und ggf. mit einer neuen Bewertung versehen.

Sie können Ihre Gefühle steuern

Gefühle informieren uns also darüber, in welchem Zustand sich unser Organismus befindet. Ein Gefühl kann dabei eher als Gefühlserinnerung an ähnliche Situationen zur Verfügung stehen oder ganz spontan in einer aktuellen Situation auf ein Ereignis eintreten. Es kann aber auch ganz gezielt von uns „gemacht" werden, indem wir Gedanken oder Bilder in uns entstehen lassen, die positiv oder negativ besetzt sind.

Beispiel: Gefühle bewusst steuern

Uwe soll in den nächsten drei Wochen seinen Chef vertreten, der wegen eines Unfalls im Krankenhaus liegt. Uwe arbeitete bislang als technischer Manager und fragt sich nun, wie er das schaffen soll. Er hat keine Führungserfahrung, kennt die Projekte und Ansprechpartner seines Chefs nicht, ist mit den Verwaltungsaufgaben nicht vertraut usw. Die Gedanken kreisen um all das, was Uwe nicht kennt oder weiß, und sie verursachen innere Unruhe. Bevor er aber Angst und Ratlosigkeit von ihm Besitz ergreifen lässt, setzt er sich erst einmal und sagt sich: „O.k., ich krieg' das hin! Der Chef wird ja wohl einen guten Grund gehabt haben, mich zu seinem Stellvertreter zu benennen. Nun hol ich mir alle notwendigen Informationen, verschaffe mir einen Überblick und dann sieht die Welt schon anders aus."

Uwe steuert also mit seinen positiv-strukturierenden Gedanken seine innere Gefühlswelt. Er steigert sich nicht in negative Szenarien hinein, sondern stoppt ganz bewusst sein destruktives Gedankenkarussell und setzt beruhigende Gedanken und logische Handlungsschritte dagegen. Damit verändert er seine Gefühle.

> Sie sind Ihren Emotionen nicht ausgesetzt. Überprüfen Sie, ob ein Gefühl in der aktuellen Situation tatsächlich angemessen ist. Auch alte Erfahrungen, die uns zu einer bestimmten Handlung drängen wollen, müssen für die Gegenwart nicht mehr gültig sein. Eine realistische Einschätzung der aktuellen Situation kann zu einer Neubewertung und damit zu anderem Verhalten führen.

Gefühle wahrnehmen und nutzen

Voraussetzung dafür, dass wir unsere Gefühle in unserem Alltag steuern und auch nutzen können, ist die schlichte Tatsache, dass wir sie überhaupt wahrnehmen. Wir müssen daher unsere Aufmerksamkeit nach innen richten und uns fragen, was uns unser Körper gerade sagen will. Je besser wir unsere Gefühle kennen, umso schneller werden wir eine Antwort haben und adäquat handeln können.

Gefühle setzen Handlungen in Gang. Sie sind Impuls- und Richtungsgeber. Wirklich stimmige Entscheidungen können wir oft erst durch die Auswertung unserer Emotionen treffen.

Leitfaden: So helfen uns unsere Gefühle
1. Sie geben uns in neuen Situationen Orientierung, so dass wir schneller reagieren können.
2. Sie unterstützen unseren Verstand durch wertvolle Informationen.
3. Sie mobilisieren Energie und schaffen Handlungsimpulse.
4. Sie helfen beim Planen und Einschätzen von künftigen Szenarien, z.B. „Werde ich mich in der neuen Wohnung wohl fühlen können?".
5. Sie lenken unsere Entscheidungen.
6. Sie informieren uns über das, was wir mit unserem Verhalten bei anderen Menschen auslösen.
7. Sie helfen uns, Situationen und Menschen besser einzuschätzen.

Gefühle und Menschenkenntnis

Wir Menschen haben völlig unterschiedliche Gefühlswelten. Das liegt daran, dass wir Emotionen unterschiedlich erleben und handhaben. Wir unterscheiden uns darin, wie viel Wert wir Gefühlen beimessen und wie gut wir gelernt haben, sie zu erkennen und mit ihnen umzugehen. Manche Menschen nehmen ihre Gefühle nicht nur weniger wahr als andere, sondern meiden es auch, diese in ihre Kommunikation einzubinden. Das betrifft auch die Gefühle der Gesprächspartner, so dass einfühlende Gesprächsführung kaum bzw. nur unter großer Anstrengung stattfindet. Leichter ist es für solche Kopfmenschen, den Gesprächsinhalt schnell wieder auf die Sachebene zu lenken.

Emotionen: Unterschiede zwischen Menschen	
Menschen unterscheiden sich darin,	Leitfragen, um Unterschiede zu erkennen
ob und wie sie ihre eigenen Gefühle wahrnehmen und verstehen.	■ Weiß meistens, wie er sich fühlt? ■ Nimmt körperliche Signale an sich selbst frühzeitig wahr? ■ Kann sein Empfinden in Worte fassen?
ob und wie sie die Gefühle anderer wahrnehmen und verstehen.	■ Kann sich in mich hineinfühlen? ■ Kann aus verschiedenen Hinweisen (Stimme, Körpersprache usw.) auf mein Gefühl schließen? ■ Kann Gefühle verstehen, die anders als seine eigenen sind?
welche Einstellung sie zu Gefühlen haben und ob sie sie nutzen.	■ Nimmt seine eigenen und meine Gefühle wichtig? ■ Ist daran interessiert, wie ich mich fühle? ■ Entscheidet weniger nach seinem Gefühl als nach den Fakten? ■ Bleibt meist auf der Sachebene?

Emotionen: Unterschiede zwischen Menschen	
Menschen unterscheiden sich darin,	**Leitfragen, um Unterschiede zu erkennen**
wie stark sie ihre Gefühle zeigen.	■ Kann eigene Gefühle in Worte fassen und mir beschreiben?
	■ Zeigt lebendige Mimik/Gestik?
	■ Spüre ich als Gesprächspartner deutlich seine aktuelle Gefühle oder kommt nichts an?
ob und wie sie ihre eigenen Gefühle steuern können.	■ Ist oft seinen Gefühlen ausgeliefert?
	■ Kann sich in schwierigen Situationen schnell beruhigen bzw. seine Stimmung verbessern?
	■ Kann Ärger und Wut kontrollieren?
ob und wie sie auf Gefühle anderer Einfluss nehmen können.	■ Kann meine Gefühle in schwierigen Situationen zulassen oder reagiert vorwurfsvoll und abwehrend?
	■ Bezieht in Konflikten nur die Sachebene oder auch die Gefühlsebene mit ein?
	■ Kann meine extrem starken Gefühle wieder auf ein angemessenes Niveau herunterschrauben?

Gefühlsqualitäten

Wir alle können eine riesige Palette an Gefühlen in uns hervorrufen. Diese reichen z.B. von Freude, Zufriedenheit und Gelassenheit über Neugierde, Stolz und Müdigkeit bis hin zu Wut, Enttäuschung und Angst – und es gibt noch viel mehr Gefühle. Bei mehrmaligen Begegnungen mit anderen Menschen ist Ihnen aber vielleicht schon aufgefallen, dass manche Personen ganz bestimmte vorherrschende Gefühle haben bzw. sie Ihnen verbal oder nonverbal vermitteln. Der eine scheint immer gut drauf zu sein, der andere regt sich über alles auf und verbreitet schlechte Stimmung. Wieder ein anderer erscheint emotional ruhig und stabil, wie ein Fels in der Brandung. Dies hat mit unterschiedlichen Wesensmerkmalen und Einstellungen zu tun.

Ein gefühlsorientierter Mensch steht seinem emotionalen Innenleben näher und kann daher verschiedene Gefühlsqualitäten leichter erkennen und benennen. Außerdem nimmt er Emotionen bei anderen leichter wahr. Die kognitiven Prozesse steuern dann ergänzend die aktuellen emotionalen Zustände: Wenn eine Person stets optimistisch durchs Leben geht, werden auch deren Gefühle meist positiv sein. Dagegen wird ein Mensch, der den Blick stärker auf Fehler und Verbesserungswürdiges richtet und sich selbst stets kritisch betrachtet, seine Aufgaben mit einer negativeren Grundstimmung meistern.

Nichtsdestotrotz ist ein grundsätzlich fröhlicher Mensch auch mal unzufrieden und traurig, und ein gelassener Mensch auch mal wütend und irritiert.

Übung: Welche Gefühle dominieren?

 Führen Sie sich einen Menschen vor Augen, dem Sie schon öfter begegnet sind: Welche vorherrschenden Gefühle nehmen Sie bei ihm wahr? Haben Sie den Eindruck, dass sich dieser Mensch leicht oder schwer tut, über Gefühle zu sprechen? Wo würden Sie ihn bei folgender Übersicht einordnen?

Extraversion

Extravertiert, sachorientiert:
- vorherrschende Gefühle: Unzufriedenheit und Ärger
- zeigt offen negative Gefühle
- nimmt bei sich selbst und anderen Gefühle nur bei starker Ausprägung wahr
- wenig Interesse an Gefühlen anderer

Extravertiert, menschenorientiert:
- vorherrschende Gefühle: Fröhlichkeit und Unbekümmertheit
- zeigt und spricht gern über seine Gefühle
- geht negativen Stimmungen lieber aus dem Weg

Sachorientierung ——————————— **Menschenorientierung**

Introvertiert, sachorientiert:
- vorherrschende Gefühle: Sorge und Bedrücktheit
- tut sich schwer, Gefühle differenziert wahrzunehmen
- lehnt es eher ab, Gefühle zu thematisieren, nimmt nicht gezielt Einfluss auf Gefühle

Introvertiert, menschenorientiert:
- vorherrschende Gefühle: Gelassenheit und Ruhe
- nimmt Gefühle anderer sehr gut wahr
- kann Gefühle klar benennen
- zeigt seine eigenen Gefühle nur vertrauten Personen

Introversion

Wie sehen Sie sich selbst?

Wozu dieses Kapitel? Sie wollen doch andere besser einschätzen können und weniger das eigene Verhalten hinterfragen? Dennoch wird Ihnen die Selbsteinschätzung helfen,

- klarer die Unterschiede zwischen Menschen zu erkennen (wenn Sie wissen, was Ihre Persönlichkeit ausmacht),

- besser zu verstehen, warum Sie mit manchen Personen besser und mit anderen gar nicht auskommen,

- das eigene Verhalten auch als Anlass für die Reaktion Ihres Gegenübers bzw. Ihr Gegenüber als Auslöser für Ihr eigenes Verhalten zu betrachten,

- Ihre eigenen Stärken und Schwächen zu erkennen und damit auch Rücksicht und Verständnis für die Defizite anderer zu entwickeln,

- zu wissen, wann eine Verhaltensanpassung Ihrerseits empfehlenswert ist und wann es auch ohne geht.

Die nun folgenden Fragen sollen Sie anregen, sich mit sich selbst auseinanderzusetzen. Dabei werden Sie vermutlich auf manche Fragen spontan gar keine eindeutige Antwort haben. Um Antworten zu finden, können Sie einen Selbstbeobachtungsprozess starten oder vertraute Menschen fragen, wie sie Sie sehen.

Checkliste zur Selbsteinschätzung

Persönlichkeit

- Beschreiben Sie Ihre Persönlichkeit bzw. Ihren bevorzugten Verhaltensstil mit 7–10 Schlagworten!
- Auf welche Eigenschaften oder Verhaltensweisen sind Sie besonders stolz?
- Welches Verhalten möchten Sie häufiger zeigen?
- Wie werden Sie von anderen gesehen oder beschrieben?
- Worin sind Unterschiede zwischen Ihrem Selbstbild und dem Fremdbild, das andere von Ihnen haben, begründet?

Motive und Werte

- Was treibt Sie an?
- Was wollen Sie erreichen? Wo wollen Sie hin?
- Was ist Ihnen wichtig, z.B. im Umgang mit anderen Menschen, für Ihr persönliches Umfeld oder Ihre berufliche/persönliche Entwicklung?
- Wann/wodurch fühlen Sie sich wohl und zufrieden?
- Was ärgert Sie bei anderen Menschen am meisten?

Einstellungen/Haltungen

- Welche Einstellung haben Sie sich selbst gegenüber? (Was sind Sie sich wert? Welchen Einfluss schreiben Sie sich zu? Wie kritisch sind Sie sich selbst gegenüber?)

- Wie blicken Sie in die Zukunft? (Arbeitsmarkt, Gesundheit, soziale Bindungen ...)

- Wie denken Sie über Menschen, die anders handeln als Sie?

- Mit welcher inneren Haltung stehen Sie morgens auf und gehen zur Arbeit? Wie starten Sie ins Wochenende?

- Glauben Sie an das Gute, Positive, Erfolgversprechende oder eher an mögliche Schwierigkeiten und Nachteile?

Emotionen

- Ist es Ihnen eher wichtig oder eher unangenehm, über Gefühle zu sprechen?

- Nehmen Sie körperliche Veränderungen an sich sofort wahr und können ihnen sogleich eine Gefühlsqualität zuordnen? Beschreiben Sie diese Gefühle!

- Haben Sie ein Gespür dafür, was in anderen vorgeht? Wie sehr können Sie sich in andere hineinversetzen?

- Treffen Sie Entscheidungen oft spontan und ihrem Gefühl entsprechend oder wägen Sie alle Kriterien genau gegeneinander ab und lassen dann Ihren Kopf entscheiden?

- Welche vorherrschenden Gefühle kennen Sie an sich?

Körpersprache/Stimme/Sprachlicher Ausdruck

- Legen Sie eine lebhafte, Ihre gesprochenen Worte unterstreichende Körpersprache (v.a. Gestik) an den Tag oder eher eine ruhige, wenig unterstützende?

- Wie begegnen Sie anderen Menschen? (Händedruck/Blickkontakt/auf Distanz oder Nähe suchend)

- Wie stark ist die Modulation Ihrer Stimme (hoch/tief, laut/leise, schnell/langsam)?

- Reden Sie ohne Punkt und Komma oder überdenken Sie stark Ihre Worte, bevor Sie sie aussprechen?

- Bringen Sie Inhalte schnell auf den Punkt oder umschreiben Sie lieber Ihre Aussagen, um niemandem zu nahe zu treten?

Auf einen Blick: Was Sie über Menschen wissen sollten

- Menschliches Verhalten wird beeinflusst durch unterschiedliche Persönlichkeitsmerkmale. So können Menschen eher extravertiert oder eher introvertiert sein. Sie unterscheiden sich auch darin, ob sie eher sachorientiert oder menschenorientiert vorgehen.

- Motive und Werte leiten unser Handeln. Haben wir erkannt, was andere antreibt und steuert, können wir mit Menschen besser umgehen.

- Einstellungen resultieren aus unseren Erfahrungen und formen unsere Sicht auf die Dinge. Sie haben somit einen starken Einfluss auf die Ergebnisse unserer Handlungen.

- Emotionen geben uns Orientierung und liefern uns wertvolle Informationen für unser Handeln. Gleichzeitig lassen sich Emotionen bewusst hervorrufen und steuern. Wir sind ihnen nicht hilflos ausgeliefert.

- Eine realistische Selbsteinschätzung hilft, unsere eigene Persönlichkeit in der Interaktion mit anderen Menschen besser zu verstehen und unser Handeln klarer auszurichten.

Worauf Sie bei Menschen achten sollten

Um Menschen einschätzen zu können, müssen Sie Ihre Wahrnehmung schärfen und genau beobachten. Die Körpersprache Ihres Gegenübers ist dabei ein zentraler Schlüssel zum Verständnis. Lassen Sie sich jedoch Zeit für Ihren Beobachtungs- und Einschätzungsprozess, denn mit einem zu schnellen Urteil werden Sie Menschen meist nicht gerecht.

In diesem Kapitel lesen Sie,

- auf welche körpersprachlichen Signale Sie achten, und wie Sie diese einordnen können,

- was unsere Stimme und unser sprachlicher Ausdruck über uns verraten,

- wie wir andere wahrnehmen und einschätzen, und welche Fehler dabei entstehen können.

Körpersprache – der Schlüssel zum Verständnis

Durch unseren Körper drücken wir aus, wer wir sind, was wir denken und fühlen – meist mehr noch als über unsere Worte. Im Umgang mit anderen Menschen ist es also sehr hilfreich, auch diese Sprache zu verstehen. Wenn wir offen und interessiert hinschauen, gibt sie uns Aufschluss über die Persönlichkeit des anderen sowie über seine aktuelle Verfassung.

Situative Einflüsse

Was uns innerlich gerade bewegt, wird über unsere Haltung, Mimik, Gestik nach außen transportiert. In der Regel passiert dies unbewusst. Unser Körper setzt unmittelbar um, was in uns abläuft. Sind wir verärgert oder erstaunt, wird unser nonverbaler Ausdruck dies genauso zeigen, wie er auch unsere Entspannt- und Zufriedenheit spiegelt. Körpersprache ist somit weitestgehend unverfälscht.

Andererseits können bestimmte Körperhaltungen und Gesichtszüge auch bewusst eingenommen werden, um ein bestimmtes Ziel zu erreichen. Wenn Sie Ihren Verhandlungspartner mit Ihren Argumenten oder Ihren potenziellen Arbeitgeber von Ihren Qualitäten überzeugen wollen, werden Sie sich vorher gut überlegen, wie Sie sich hinsetzen, wie viel Gestik Sie verwenden, wann Sie lächeln und wann Sie Ihrem Gesprächspartner ernst in die Augen schauen. Und in einer Wettbewerbssituation werden Sie sich körpersprachlich anders verhalten aus bei einem Essen mit Freunden.

> Bei der Einschätzung anderer Menschen ist es unumgänglich, die aktuellen Rahmenbedingungen der Situation und mögliche Motive des anderen zu berücksichtigen.

Darüber hinaus dürfen nicht nur einzelne Signale interpretiert werden. Es genügt z. B. nicht, Körperhaltung und Gestik zu studieren, ohne dabei Mimik und Stimme einzubeziehen. Die verschiedenen Aspekte der Körpersprache müssen miteinander verknüpft und ganzheitlich gedeutet werden, um der wahren Verfassung eines anderen näher zu kommen.

Beispiel: Verschränkte Arme

 Claudia sitzt in der Besprechung mit übereinandergeschlagenen Beinen und verschränkten Armen. Bei einer schnellen Interpretation könnte man zum Ergebnis kommen, dass sich Claudia ablehnend verhält. Betrachtet man aber zusätzlich ihre Mimik und Kopfhaltung, so entsteht eher der Eindruck von Interesse und Konzentriertheit. Sie verfolgt die Themen aufmerksam und bringt sich hin und wieder ein. Die ganzheitliche, etwas längere Betrachtung ergibt nun folgende Erklärung: Claudia fröstelt es womöglich, da das Fenster im Besprechungsraum die ganze Nacht offen geblieben war. Ihre Körperhaltung bedeutet daher maximal einen Schutz vor Kälte.

Ausdruck unserer Persönlichkeit

Wenn Sie Ihre Mitmenschen länger und in verschiedenen Situationen beobachten, werden Sie feststellen, dass jeder einzelne seine eigene Körpersprache ausgebildet hat. Sie werden immer wieder gleiche Haltungen, Gesten und mimische Ausdrücke erkennen. Diese gehen mit den Einstellungen, Motiven und Werten einher.

Beispiel: Selbstsicher – selbstunsicher

 Ein von sich selbst überzeugter Mensch mit klaren Meinungen und Vorstellungen wird eher eine aufrechte Körperhaltung, einen festen Schritt und eine unterstützende Gestik an den Tag legen. Ein selbstunsicherer Mensch wird uns eher mit gesenktem Kopf und ausweichendem Blick begegnen.

Im Folgenden werden einzelne Aspekte der Körpersprache herausgegriffen, die Ihnen helfen, die Persönlichkeit anderer besser einschätzen zu können.

Die Körperhaltung

Unsere Körperhaltung ist zum Teil von der Persönlichkeit abhängig, zum Teil situativ bedingt. Sie wird im Wesentlichen von unserer Muskulatur gesteuert. Bei einer unterspannten Haltung ist die Muskulatur schlaff, die Schultern hängen nach unten, sämtliche Bewegungen wirken desinteressiert und antriebslos. Beobachten Sie diese Haltung bei einem Menschen oft, kann es sich um jemanden handeln, dem es an Durchsetzungskraft und Energie mangelt. Er erscheint gleichgültig, passiv oder gar unterwürfig.

In einer überspannten Haltung sind die Muskeln dagegen angespannt. Oberkörper und Kopf sind nach hinten, das Becken nach vorne geschoben; die Knie sind durchgestreckt, Mimik und Blick sind eher starr. Eine derartige Haltung vermittelt der Umwelt, dass diese Person auf Distanz bleiben möchte oder gerade unter Druck steht. Die Anspannung kann auch mit dem Wunsch nach Kontrolle in Verbindung gebracht werden.

Befindet sich der Körper in einer aufrechten, entspannten Haltung, die dem Gesprächspartner zugewandt ist und von einem aufmerksam-freundlichen Blick begleitet wird, vermittelt die Person Aufgeschlossenheit und Selbstsicherheit. Mit großer Wahrscheinlichkeit handelt es sich hierbei um einen Menschen, der sich für andere interessiert, dabei aber auch seine eigene Meinung vertritt.

Die Gangart

Noch bevor Sie jemanden sehen, hören Sie seine Schritte und wissen, da hat es jemand eilig. Vielleicht will diese Person nur den nächsten Zug erreichen, vielleicht ist sie aufgebracht und deswegen energisch unterwegs. Unsere Gangart wechselt wie unsere Haltung situationsspezifisch, ist gleichzeitig aber auch ein Persönlichkeitsmerkmal. So legen aktive, entschlossene Persönlichkeiten grundsätzlich ein energischeres Schritttempo mit eher großen Schritten vor. Sie wissen, wohin sie wollen, und treiben Dinge voran. Langsame und kleinere Schritte deuten dagegen auf einen introvertierten Menschen hin. Dieser macht lieber einen Schritt nach dem anderen und vor allem nicht überstürzt. Ein schleppender Gang zeugt von Bedenken und wenig Kraft. Er kann Zeichen einer Stresssituation oder auch eine grundsätzliche Eigenart eines sehr vorsichtigen, passiven Menschen sein.

Beispiel: Nicht täuschen lassen

 Klaus Berger schleicht mit gesenktem Kopf aus dem Besprechungsraum. Sein Kunde hat gerade ein wichtiges Projekt platzen lassen, wochenlange Bemühungen um diesen Folgeauftrag waren

> vergebens. Der sonst so engagierte und zielorientierte Projektlei-
> ter ist frustriert und ausgepowert. Sein normalerweise kraftvoller
> Gang wird Opfer seiner negativen Stimmung.

Je nachdem, in welcher Verfassung wir sind, ist unsere Gangart mal schleppender, mal energischer. Grundsätzlich haben
wir jedoch eine bevorzugte, typische Art zu gehen.

Die Gestik

Gesten unterstützen das gesprochene Wort, indem sie Inhalte
und Emotionen unterstreichen. Unsere Kommunikation wird
dadurch lebendiger. Vergleichen wir die Gestik von uns Deutschen (oder auch anderer Mitteleuropäischer) mit südlän-
discher Gestik, werden wir Deutschen insgesamt weniger
lebhaft erscheinen. Dennoch gibt es auch bei uns Unterschiede: Manche reden mit Händen und Füßen, manchen würde
man dagegen gerne etwas unterstützend unter die Arme
greifen. Gestik ist also individuell und eng gekoppelt mit
unserer Persönlichkeit. Extravertierte zeigen mehr, Introvertierte weniger Gestik.

Wie viel Gestik wir verwenden, ist aber genauso situativ
beeinflusst. So kann ein extrem bewegendes Ereignis auch
einen Introvertierten mehr gestikulieren lassen, während er
normalerweise weniger Gestik zeigt.

Der Händedruck

Der Händedruck ist oft der erste Kontakt mit einem fremden
Menschen. Da er kaum variieren wird, kann man auch ihn als
Indiz für eine grobe Einschätzung nutzen. Ein selbstbewusster

Mensch wird einem fest die Hand drücken, ohne es zu übertreiben, während eine dominante Person schon mal kräftig zudrückt. Ein kritisch-misstrauischer Mensch wird Ihnen meist einen durchgedrückten Arm entgegenstrecken, der zeigt, dass er Sie auf Abstand halten möchte. Ein sehr schüchterner Mensch wird es ganz vermeiden, Sie zu berühren. Wenn es doch zum Händedruck kommt, wird seine Hand vielleicht etwas feucht sein und kaum Druck ausüben. Sie spüren, dass sich dieser Mensch möglichst schnell der Situation entziehen möchte. Auch sein Blickkontakt ist flüchtig.

Mimik und Blickkontakt

Der Gesichtsausdruck eines Menschen spricht oft Bände. Wir erkennen aus dem Zusammenspiel von Augen, Stirn, Mund und Lippen, was der andere gerade denkt bzw. fühlt. Der Grund: Die emotionale Befindlichkeit drückt sich in unserer Mimik aus. Natürlich gibt es auch hier wieder individuelle Unterschiede. Die Introvertierten halten das, was in ihnen vorgeht, eher zurück, so dass ihr Gesichtsausdruck auch über längere Zeit fast unverändert bleiben kann und man ihnen so manche Gefühlsregung nicht anmerkt. Extravertierte scheuen dagegen weniger davor zurück, anderen ihre Befindlichkeiten auf diese Art mitzuteilen.

Eine wichtige Orientierungshilfe bei der Interpretation des nonverbalen Ausdrucks bieten auch die Augen und der Blick: Ein offener wacher Blick spricht für eine interessierte Person, während ein Mensch mit matten Augen und suchendem Blick orientierungslos und unzufrieden wirkt. Ein Blick von unten wirkt verunsichert, der Blick von oben eher dominant. Blickrichtung und Ausdruck der Augen ändern sich jedoch meist sehr schnell und liefern daher keine allzu eindeutigen Hinweise auf eine bestimmte Persönlichkeit.

Ein wertvolleres Indiz ist aber die Dauer des Blickkontakts. Ein selbstsicherer, beziehungsorientierter Mensch wird ganz natürlich – ohne zu bohren – den Augenkontakt zu anderen halten. Ein dominanter Mensch wird ihn suchen, weil er seine Botschaft zielsicher platzieren will. Selbstunsichere Persönlichkeiten haben dagegen Schwierigkeiten mit dem Aufrechterhalten des Blickkontakts. Sie zweifeln an sich selbst und sind vorsichtig-zurückhaltend. Ihr Blick ist ausweichend und instabil – wie auch deren Persönlichkeit.

> Blickkontakt wird eher von extravertierten als von introvertierten Menschen gesucht und gehalten. Erstere brauchen das Feedback von außen. Introvertierte blicken mehr nach unten und meiden häufig dann den Blickkontakt, wenn es z. B. um das Äußern ihres Standpunkts oder eines Wunsches geht.

Was Stimme und Worte verraten

Laut oder leise, kräftig oder dünn, schnell oder langsam? Mit unserer Stimme können wir auffallen oder langweilen, andere anschuldigen oder ihnen Respekt zollen. Stimme und Worte sind mächtige Werkzeuge der Kommunikation und aussagekräftige Merkmale unserer Persönlichkeit. Aus ihnen lässt sich schnell und relativ treffsicher ableiten, mit welchem Menschen wir es zu tun haben.

Spiegel unserer Stimmung

Unsere Stimme ist ein sehr gutes Stimmungsbarometer. Sie hängt direkt mit unseren Emotionen zusammen und ist eng mit der Atmung gekoppelt. Wenn Sie aufgeregt oder verunsichert sind, werden Sie schnell und flach atmen. Ihre Stimme wird dadurch piepsig oder schleppend daherkommen. Sie geraten ins Stocken, oder Ihre Stimme versagt Ihnen vollends. Sind Sie müde oder frustriert, klingt Ihre Stimme vermutlich leise und kraftlos. Nur wenn Sie sich gut und sicher fühlen, wird Ihr Atem frei fließen. Ihre Stimme wird dann deutlich und energiegeladen bei anderen ankommen.

Aber nicht jeder Mensch legt eine kraftvolle, überzeugende und feste Stimme an den Tag, selbst wenn es ihm gut geht. Introvertierte Menschen haben eher eine zurückhaltende, leise Stimme, teilweise sogar eine undeutliche Aussprache. Auch das Sprechtempo ist in der Regel langsamer als bei den extravertierten Persönlichkeiten. Dies ist leicht verständlich, da die Introvertierten nicht auffallen wollen und eher im Hintergrund wirken. Dazu benötigen sie keine kräftige Stimme. Sie mögen es auch insgesamt ruhiger. Alles Laute, Aufdringliche, Schrille lehnen sie ab – bei sich selbst wie auch bei anderen.

Übung: Variieren Sie Ihre Stimme

 Stellen Sie sich mit Ihrer Stimme auf Ihren Gesprächspartner ein: Reduzieren Sie Ihr Sprechtempo und Ihre Lautstärke gegenüber introvertierten Personen. Werden Sie bestimmter und schneller im Gespräch mit Extravertierten.

Unterschiede in der Sprechweise und im Sprachgebrauch

Lautstärke und Sprechtempo sind also zum einen stimmungsabhängig, zum anderen wiederum persönlichkeitsabhängig. Doch wie steht es um die Modulation der Stimme beim Sprechen? Und wie um das, was wir sagen?

Viel Modulation, wenig Struktur

Sie kennen sicher Menschen, die recht melodisch, vielleicht fast schon theatralisch kommunizieren. Sie betonen auffallend einzelne Wörter und variieren stark in Geschwindigkeit, Lautstärke und -höhe. Es ist meist spannend, ihnen zuzuhören, weil ihr Ausdruck so voller Emotionen steckt. Manchmal wird das Zuhören aber auch anstrengend, da ohne Punkt und Komma, fast vollkommen ohne Pausen gesprochen wird.

Inhalt: Nicht selten kommt dieser Mensch inhaltlich vom Hundertsten ins Tausendste, bleibt also nicht zwingend beim Thema. Die exakte Wortwahl bedenkt er selten, denn sein Herz trägt er auf der Zunge. Oft muss Gesagtes zurückgenommen werden, wenn wieder einmal der Mund schneller als das Gehirn war. Diese Menschen gehören mit großer Wahrscheinlichkeit zu den extravertierten Gefühlsmenschen, die unbekümmert aussprechen, was sie gerade bewegt. Im Sprachgebrauch finden sich – den Motiven und Einstellungen entsprechend – viele Superlative und zukunftsweisende Aussagen, die die Lust am Ausprobieren deutlich machen.

Wenig Modulation, viel Struktur

Im Gegensatz dazu gibt es Menschen, deren Aussagen eher monoton und sachlich daherkommen. Man hört fast schon, wie sie nachdenken, bevor ein Wort ihren Mund verlässt. Sie wollen nur selektiv informieren und dabei nichts Falsches sagen. Ihr Tempo ist daher verlangsamt. Teilweise hören sich diese Menschen dann an, als würden sie vorlesen, da sie ordentlich verschachtelte, lange Sätze bilden. Man kann hier den introvertierten Denker erkennen. Struktur und Genauigkeit bestimmen nicht nur seinen Arbeitsstil sondern auch seine Sprechweise.

Inhalt: Beim Inhalt achtet dieser Mensch auf eine korrekte, bisweilen anspruchsvolle Wortwahl, Fremdwörter und Fachjargon inklusive. Er unterstreicht einfach gerne (teilweise unbewusst) seinen Intellekt. Die Emotionen bleiben dabei auf der Strecke, werden auch nicht als notwendige Kommunikationsunterstützung betrachtet. Auf viele Zuhörer wirkt dies einfach nur nüchtern, im Extremfall langweilig oder auch anstrengend und abgehoben. Da dieser introvertierte Mensch aber auch grundsätzlich vorsichtig vorgeht, drückt sich dies ebenfalls im Sprachgebrauch aus: Konjunktive, Weichmacher, das Verwenden der undefinierten 3. Person („man"). So bleibt manches im Unklaren oder wird hinausgezögert.

Schnell auf den Punkt, Klartext

Dann gibt es diejenigen, die die Dinge konkret und schnell auf den Punkt bringen. Das Satzende wird stimmlich deutlich gesetzt, indem sich die Tonhöhe verringert. Solch ein klarer

Satzabschluss macht es anderen oft schwer, etwas dagegen zu setzen. Inhaltlich kann man den Ausführungen gut folgen, sind sie doch logisch aufgebaut und mit allen notwendigen Informationen versehen. Diese klaren, also unverblümt ausgesprochenen Worte, haben in der zwischenmenschlichen Kommunikation aber zwei Seiten: Einerseits wird deutlich, was dieser Mensch denkt und braucht, auf der anderen Seite kann nicht jeder mit einer ungeschminkten Wahrheit umgehen. So wünschen sich manche mehr Diplomatie von diesen eher extravertierten Kopfmenschen.

Drumherum, verklausuliert

Das Gegenstück dazu sind die introvertierten Gefühlsmenschen, die vorsichtig und rücksichtsvoll ihre Sätze bilden. Sie wollen nicht gleich mit der Tür ins Haus fallen und schon gar nicht: jemandem auf die Füße treten. Daher verpacken sie auch so manche Rüge und stellen vielmehr Fragen, um sich das Einverständnis anderer zu sichern. Es ist ihnen auch unangenehm, Dinge direkt einzufordern. Sie wollen auf höfliche und nette Art zum Ziel kommen. In manchen Ohren kommen dann auch Anweisungen oder Kritik nicht wirklich an. Die Stimme des introvertierten Beziehungsmenschen müsste dazu vehementer und nachdrücklicher klingen, die Sätze müssten ohne Konjunktive formuliert und die Vorgehensweise ohne Umschweife ausgesprochen werden.

Übersicht: Unterschiede in Modulation und Inhalten	
Merkmal	Beispiel
Viel Modulation, wenig Struktur	„Wir müssen am Wochenende *unbedingt* in dieses neue *super* leckere Lokal – du weißt schon – Tommy war da, ach, der hat übrigens eine neue Freundin ..."
Wenig Modulation, viel Struktur	„Man könnte ja vielleicht am Wochenende in dieses neue Lokal, von dem ich gelesen habe ..."
Schnell auf den Punkt, Klartext	„Ich brauche von Ihnen die Daten bis Donnerstag! Und falls Ihnen was dazwischenkommt, rufen Sie rechtzeitig an. Wir können es uns nicht erlauben, dass der Kunde wieder verärgert ist."
Drumherum, verklausuliert	„Es wäre schön, wenn ich von Ihnen in den nächsten Tagen die Unterlagen bekäme. Sie wissen ja, dass der Kunde etwas schwierig ist. Und daher, na ja, sollten wir schon darauf achten, dass wir ihm nicht wieder einen Grund liefern, sich zu ärgern. Was meinen Sie?"

Wie nehmen Sie andere wahr?

Zur Einschätzung anderer Menschen benötigen wir Informationen. Diese holen wir uns aus aktuellen sowie ggf. auch vergangenen Beobachtungen. Der Rest läuft dann eigentlich automatisch in unserem Gehirn ab. Doch so klug unser Geist auch ist, er kann nur das verarbeiten, was bei ihm ankommt, und dieses auch nur mit dem abgleichen, was bereits als Wissen oder Erfahrung abgespeichert ist. Und genau hier kommt es zu individuellen Einschränkungen und Verzerrungen.

Unser Wahrnehmungsprozess

Über verschiedene Sinnesorgane nehmen wir Vorgänge in uns und unserer Umwelt wahr. Wir sehen einen anderen Menschen, riechen ihn, spüren seine Hand beim Händeschütteln, hören den Klang seiner Stimme. Diese Erfahrungen werden an unsere Großhirnrinde weitergeleitet, werden dort verarbeitet und führen uns schließlich zu einer Reaktion. Automatisch verknüpft werden dabei unsere Wahrnehmungen mit unserer individuellen Lerngeschichte: mit Erfahrungen, Einstellungen und Überzeugungen, Erwartungen und Interessen. All dies führt dazu, dass wir unsere Umwelt auf ganz bestimmte Weise wahrnehmen – eingefärbt und stark selektiv. Wir wählen nämlich unbewusst auch nur bestimmte Dinge aus unserer Umwelt aus. Vieles gelangt gar nicht erst in unser Wahrnehmungsfeld. So erklärt sich, warum wir manche Gegenstände nicht gesehen oder auch Aussagen von anderen nicht gehört haben, während ein anderer Mensch in derselben Situation diese Dinge registriert hat, aber wiederum vielleicht Aspekte, die uns aufgefallen sind, ausgeblendet hat.

> Wahrnehmung ist immer ein stark subjektiver und selektiver Prozess.

Was wir aus unserer Wahrnehmung ableiten

Wenn wir einen anderen Menschen treffen, nehmen wir sein verbales und nonverbales Verhalten wahr: Wie bewegt er sich, wie und über was spricht er, wie geht er mit mir um? Aus diesen Informationen leiten wir dann Beweggründe und Erklärungen für sein Verhalten ab. Wir schreiben ihm folglich ganz bestimmte Eigenschaften zu und entwickeln Annahmen über sein künftiges Verhalten – ein Vorgang, den man in der Psychologie Attribution nennt.

Beispiel: Der ist doch bestimmt ...

Der Herr mit Krawatte uns schräg gegenüber in der S-Bahn sieht streng und akkurat aus. Sein Notebook ruht auf seinen Oberschenkeln. Er ist gerade in die FAZ vertieft, als sein Handy schrill klingelt. Es geht um irgendwelche Investments. Sofort schießt uns durch den Kopf: Der ist bestimmt Banker.

Blitzschnell haben wir ein Urteil über diesen fremden Menschen parat. Und oft finden wir unsere Schlussfolgerungen und Erwartungen sogar bestätigt – kein Wunder, denn wir suchen nach Bestätigung! Wir fokussieren uns auf die Handlungen und Äußerungen, die unser Urteil untermauern.

Beispiel: Bestätigt!

Unser Krawattenträger spricht nun von einem Termin in der Bank. Klar, wussten wir's doch: ein Banker! In Wirklichkeit dreht sich das Gespräch vielleicht um eine rein private Angelegenheit und der Mann in Anzug und Krawatte ist Wirtschaftsingenieur auf dem Weg zu einem Kundentermin ...

Es ist natürlich leichter, schnell einen Haken hinter einen bestätigten ersten Eindruck zu setzen und damit den Menschen kategorisiert zu haben, als nach weiteren Kriterien Ausschau zu halten, die unser Bild möglicherweise verändern würden. Versuchen Sie dennoch im Sinne einer besseren Menschenkenntnis, umfassender und länger zu beobachten und Ihre Einschätzung infrage zu stellen.

Übung: Schulen Sie Ihre Wahrnehmung

 Beobachten Sie andere Menschen: auf Ihrem Weg zur Arbeit in öffentlichen Verkehrsmitteln, beim Schlangestehen vor einer Kasse oder auf einer Veranstaltung. Nehmen Sie möglichst viele Facetten wahr: Kleidung, Mimik, Accessoires, Körperhaltung, Gestik … Was geht Ihnen dabei durch den Kopf? Welche Schlussfolgerungen ziehen Sie aus Ihren Wahrnehmungen? Überprüfen Sie, wenn möglich, den Wahrheitsgehalt Ihrer Vermutungen. Seien Sie dabei bewusst auf der Suche nach Fehleinschätzungen. Fragen Sie auch Ihre Begleitung, was sie bei diesen Menschen wahrgenommen hat und gleichen Sie Ihre Ergebnisse ab.

Der erste Eindruck

Menschen wirken auf uns. Sie rufen in uns Ideen, Vorstellungen, Sympathie oder Antipathie hervor. Wir spüren sofort, ob wir einem Menschen trauen und ihn für kompetent halten oder nicht. Das alles passiert innerhalb weniger Sekunden. Wir müssen dazu gar nicht mit einem Menschen ins Gespräch kommen, um einen ersten Eindruck von ihm zu haben. Seine nonverbalen Signale, die Körperhaltung, seine Kleidung, sein Gang, der Blick, seine Mimik und Gestik senden uns alles, was wir für eine schnelle Bewertung brauchen. Doch nicht immer bewahrheitet sich unser erstes Bild. Manchmal müssen wir nach einem ersten Austausch mit dem Fremden feststellen, dass wir unser Urteil – zumindest in Teilen – revidieren müssen.

Beispiel: Ein erster Eindruck

Robert steht zu Beginn des zweitägigen Seminars abseits und beobachtet. Dann setzt er sich auf einen Stuhl und blättert in den Unterlagen. Roberts Mine ist versteinert, sein Blick skeptisch. Kontakt zu anderen Seminarteilnehmern sucht er nicht.

Der erste Eindruck, den Robert bei vielen anderen Teilnehmern hinterlässt, ist Arroganz und Ablehnung. Keiner hat das Bedürfnis, auf ihn zuzugehen, weil Robert mit seiner Körpersprache signalisiert, dass er sich nicht unterhalten will. Wie sich später herausstellt, ist Robert tatsächlich kein Mensch, der offen auf Fremde zugeht, sondern eher abwartet. In Gesprächen hat er die Befürchtung, nicht interessant genug für andere zu sein. Daher spricht er lieber weniger und nur über Themen, in denen er sich absolut auskennt. Robert ist schüchtern. Er ist ein introvertierter Typ, der Angst vor Ablehnung hat. Der Eindruck, den er bei den anderen Seminarteilnehmern hinterlassen hat, ist also nur bedingt richtig. Robert wirkt zwar im ersten Moment arrogant. De facto rührt seine Haltung aber aus einer großen inneren Unsicherheit.

Es gibt keine zweite Chance für einen ersten Eindruck. Mit einem zweiten Blick werden Sie jedoch den meisten Menschen eher gerecht.

Der Schein trügt: Wahrnehmungsfehler

Unsere Wahrnehmung unterliegt diversen Verzerrungen und Fehlern. Machen Sie sich daher hin und wieder bewusst, was in Ihnen passiert, um mögliche Fehler zu vermeiden:

- Erwartungen und Vorstellungen: Diese verengen unseren Blick bezüglich einer Person oder Situation. So kommt es, dass sich vieles nach dem Prinzip der „sich selbst erfüllenden Prophezeiung" entwickelt.

- (Vor-)Informationen von anderen: Verknüpfen wir diese mit unseren Erfahrungen und Meinungen führen oft zu Vorurteilen gegenüber anderen Menschen.

Beispiel: Wie Vorurteile entstehen

 Sie haben einen Kollegen in der Nachbarabteilung, von dem Sie wissen, dass er oft krank ist. Von einer anderen Kollegin haben Sie gehört, dass er seine Arbeit nicht besonders schnell erledigt. Für Sie ist nun klar, dass der Kollege zu den „unfähigen Krankmachern" gehört, die die Firma durchschleppt, während Sie sich zu den Leistungsträgern zählen.

- Subjektive Persönlichkeitstheorien: Der Beobachter hat eine ganz bestimmte Vorstellung davon, welche Eigenschaften zusammengehören. Einen Mensch, der z. B. sportlich aktiv ist, hält er auch für beruflich erfolgreich. Solche Eigenschaften werden automatisch zugeordnet, ohne dass sie beobachtet werden.

- Stereotype: Menschen, die einer bestimmten Gruppe angehören, werden mit denselben Attributen verbunden, die dieser Gruppe zugeschrieben werden, wie z. B.: „Informatiker sind introvertiert und können sich nicht durchsetzen".

- Ähnlichkeitsphänomene: Wir bewerten einen Menschen besser, der uns selbst in Verhalten und/oder nach Herkunft ähnelt. Auch Vergleiche zwischen anderen Menschen werden unbewusst hergestellt.

Beispiel: Gleiches Aussehen, gleiche Eigenschaften?

 Ihr neuer Nachbar sieht aus wie Ihr Chef, mit dem Sie überhaupt nicht klar kommen. Automatisch werden Sie Ihren Nachbarn eher meiden, weil Sie ihm ähnliche Eigenschaften wie Ihrem Vorgesetzten zuschreiben und damit eine angenehme nachbarschaftliche Beziehung für unmöglich halten.

- Projektion: Eigene Wünsche oder Stimmungen werden auf andere Personen projiziert. Dabei spielt die aktuelle Befindlichkeit eine wesentliche Rolle. Eigene Verhaltensweisen werden dann vermeintlich am anderen ausgemacht, der jedoch nur eine Projektionsfläche darstellt. Der unfreundliche Bäcker am Morgen ist also vielleicht nur die Projektion unserer eigenen Morgenmuffeligkeit.

- Attributionsfehler: Ereignisse können verschiedenen Ursachen zugeschrieben werden. Auf der Suche nach Erklärungen laufen wir Gefahr, eine (ungeliebte) Person für Misserfolg verantwortlich zu machen, ohne dabei über andere Ursachen oder widrige Umstände nachzudenken.

- Schubladendenken: Sie haben sie sicher auch, Ihre persönlichen Schubladen, auf denen vielleicht steht: „Geht gar nicht", „Langweiler", „Besserwisser" oder „Dummschwät-

zer". Menschen landen schnell in unseren individuellen
Positiv- oder Negativ-Schubladen. Aber ist das rasche
Urteil gerechtfertigt? Geben Sie diesen Menschen eine
Möglichkeit, aus ihrer Schublade wieder herauszukommen?

Checkliste: Aufmerksam wahrnehmen und einschätzen

- Achten Sie auf möglichst viele Kriterien bei anderen
  Menschen: Körpersprache, Stimme, sprachlicher Ausdruck, Arbeitsverhalten, Motive usw.

- Berücksichtigen Sie die jeweilige Situation des anderen:
  Profilierungsdruck, Stresssituation, Angst, körperliche
  Verfassung usw.

- Sofern möglich oder Ihnen bekannt – berücksichtigen
  Sie die persönliche Geschichte des anderen: Erfahrungen, prägende Ereignisse, kulturelle Besonderheiten
  usw.

- Beobachten Sie die Person in möglichst vielen und
  unterschiedlichen Situationen: im Meeting, im persönlichen Arbeitszimmer, bei einer Präsentation, in der Mittagspause, in privaten Gesprächen usw.

- Hören Sie genau hin. Welche Worte benutzt Ihr Gegenüber und was können Sie aus der Modulation seiner
  Stimme ableiten?

- Erspüren Sie auch, welche Atmosphäre durch das Auftreten und die Anwesenheit dieses Menschen entsteht.

- Suchen Sie nicht nur nach Bestätigung Ihres ersten
  Eindrucks, sondern filtern Sie Beobachtungen heraus,
  die Ihrer Einschätzung widersprechen.

Wir sehen nur Ausschnitte

Wir können nur das wahrnehmen, was andere uns zeigen – und das ist natürlich immer nur ein Ausschnitt und nicht unbedingt repräsentativ für diese Person. Wir können daher nie von einer Situation auf die ganze Persönlichkeit schließen. Wir müssen immer bedenken, dass das gezeigte Verhalten tagesformabhängig und situationsspezifisch ist. Und oftmals sind andere ja gerade darum bemüht, nur ganz bestimmte Aspekte von sich zu zeigen!

Menschen in Ausnahmesituationen

Menschen (re-)agieren meist in einer für sie typischen Weise, aber eben nicht immer. Aktuelle Gefühlslagen, gesundheitliche Einschränkungen oder außergewöhnliche Bedingungen sorgen dafür, dass ein anderes als das übliche Verhalten gezeigt wird.

Beispiel: Extremsituation

 Andreas ist eigentlich ein ruhiger, kooperativer Mitarbeiter, der noch nie negativ aufgefallen ist. Heute aber in der Verhandlung mit dem Kunden rastet er regelrecht aus: Er beschuldigt ihn lautstark, unfair und unzuverlässig zu sein, gestikuliert hektisch und verlässt dann aufgebracht den Besprechungsraum.

Um Andreas' Verhalten zu verstehen, muss man seinen privaten Hintergrund kennen: Sein Vater ist kürzlich verstorben, bei seiner Frau wurde Krebs diagnostiziert, er selbst kämpft mit finanziellen Schwierigkeiten. Er steht unter Stress, was bei ihm untypische und extreme Verhaltensweisen hervorruft.

Auch neue Situationen oder fremde Menschen verursachen in uns oftmals andere Gedanken und Gefühle als ein vertrautes Umfeld. So zeigen wir unterschiedliche Facetten von uns, die für Außenstehende verwirrend sein können.

Menschen in Anpassungssituationen

Für viele Menschen macht es einen Unterschied, ob sie sich im Beruflichen oder Privaten bewegen. Dem machtbewussten Chef oder dem intrigierenden Kollegen gegenüber werden sie sich vermutlich vorsichtig verhalten, auch wenn dies vielleicht gar kein typischer Wesenszug von ihnen ist. Oder sie lassen zuhause ihren inneren Chaoten regieren, während sie in der Firma bemüht sind, ihren Schreibtisch stets aufgeräumt zu halten und immer pünktlich zu Meetings zu erscheinen.

Wir passen uns also den äußeren Umständen an und zeigen oftmals ein rein nutzenorientiertes Verhalten – um uns zu schützen, um Vorteile zu erzielen, um ein positives Bild von uns abzuliefern.

In der folgenden Tabelle sehen Sie einen Überblick: Was in uns vorgeht und was nach außen sichtbar wird, anhand der Figur des Andreas aus dem Beispiel „Extremsituation".

Was in Andreas vorgeht	Was andere sehen
Emotionen/körperlicher Zustand	**Körpersprache/Stimme**
Trauer um den verstorbenen Vater.	Hektische Bewegungen, v. a. Gestik.
Angst vor dem Tod seiner Frau; drohende Einsamkeit.	Hochgezogene Schultern, krummer Rücken.
Hilflosigkeit wegen mangelndem Einfluss auf Krankheitsverlauf.	Angespannte Mimik: zusammengepresste Lippen, fester Kiefer, Stirn in Falten, lacht nicht.
Wut auf Ärzte, da sie Erkrankung zu spät erkannt haben.	Kleine, traurige Augen oder vor Wut blitzend.
Angst vor finanziellem Ruin → Existenzangst.	Extreme Stimmungsschwankungen (leise, traurig, zurückgezogen/laut, hektisch, aufbrausend).
Schlafstörungen →	**Verhalten**
Verspannungen, Kopfschmerzen, Müdigkeit, innere Unruhe, geschwächtes Immunsystem.	Kommt morgens spät, geht früh oder unterbricht Arbeitszeit für ein paar Stunden; an privaten Feierlichkeiten nimmt er nicht teil.
Persönliche Instabilität, Überforderung, depressive Verstimmtheit.	In Besprechungen stumm, schaut zum Fenster hinaus.
Einstellungen/Motive/Werte	Ist unzuverlässig, macht Fehler.
Wie wird die Krankheit verlaufen? Wie soll ich das alles schaffen? Welchen Sinn hat dann mein Leben noch?	Fragt öfters nach, vergisst einfache Erledigungen.
Die Arbeit interessiert mich nicht – ich hab' andere Sorgen. Das Wichtigste ist, dass meine Frau wieder gesund wird. Was andere gerade von mir denken, ist mir egal.	Fährt andere plötzlich an, stößt diese mit harten/direkten Aussagen vor den Kopf.

Auf einen Blick: Worauf Sie achten sollten

- Die Körpersprache eines Menschen transportiert nach außen, was in seinem Inneren vorgeht. Sie ist daher ein zentraler Schlüssel zur Einschätzung anderer Menschen. Durch die Gesamtschau verschiedener Signale und Informationen über Person und Situation gelangen wir zu einem stimmigen Gesamtbild.

- Unsere Stimme transportiert unsere aktuelle Stimmung nach außen und gibt Hinweise auf Intro- bzw. Extraversion.

- Am sprachlichen Ausdruck können wir recht gut erkennen, ob wir es mit einem vorsichtigen, einem strukturierten, einem sehr emotionalen oder einem zielorientierten Menschen zu tun haben.

- Unsere Wahrnehmung ist immer subjektiv und selektiv. Wahrnehmungsfehler schleichen sich leicht ein. Auch der erste Eindruck ist nicht immer richtig. Geben Sie Menschen eine zweite Chance.

- Wir sehen immer nur einen Ausschnitt der Persönlichkeit eines Menschen. Dieser muss nicht repräsentativ für sein ganzes Wesen sein. Auch die aktuelle Situation spielt eine große Rolle.

Wie Sie sich auf Menschen einstellen

Schwierigkeiten im menschlichen Miteinander sind normal. Wie können wir Sie lösen oder gar vermeiden? Dabei hilft uns eine bessere Menschenkenntnis.

In diesem Kapitel lesen Sie, wie Sie

- introvertierten Menschen typgerecht begegnen,
- vorgehen, um sachorientierte Menschen zu überzeugen,
- sich gegenüber selbstbewussten Persönlichkeiten behaupten können,
- unterschiedliche Arbeitsweisen auf ein gemeinsames Ziel ausrichten können.

Menschliches Miteinander – sozial kompetent handeln

Bislang haben Sie viel über menschliches Verhalten erfahren. Sie wissen, was Menschen steuert und auf welche Kriterien Sie achten können, um andere besser einzuschätzen. Eventuell haben Sie auch mehr Klarheit über Ihre eigenen Verhaltensschwerpunkte gewonnen. Nun sollen Sie konkrete Hilfestellung dafür bekommen, wie Sie dieses Wissen in die zwischenmenschliche Kommunikation einfließen lassen können. Wenn Sie also erkannt haben, mit wem Sie es zu tun haben, können Sie für sich selbst adäquate Verhaltensweisen ableiten. Durch das Einstellen auf andere verbessern Sie die Kommunikation bzw. die Zusammenarbeit oder das Zusammenleben. Sie punkten damit in mehrfacher Hinsicht:

- Sie schaffen Zufriedenheit und Motivation bei anderen.
- Sie werden von anderen geschätzt.
- Sie fühlen sich bestärkt und zufrieden durch ihren erfolgreichen Umgang mit anderen.
- Sie können beruflich mehr erreichen, weil Sie sozial kompetent handeln.
- Sie erweitern Ihr Handlungsrepertoire, Ihre Sichtweisen, werden flexibler und sicher im Umgang mit anderen.

Wodurch Konfliktpotenziale entstehen

Im Prinzip bestehen Konfliktpotenziale immer dann, wenn Menschen unterschiedliche Ziele verfolgen, verschiedene

Vorgehensweisen an den Tag legen oder ihre divergenten Werte, Motive, Ein- oder Vorstellungen aufeinanderprallen. Die Unterschiede schaffen dann oft Unverständnis, Irritation oder Unmut. Auseinandersetzungen oder auch Vermeidungsverhalten können die Folge sein.

Die hier folgenden Fragen können Ihnen Hinweise auf Menschen liefern, die nicht so ticken wie Sie. In der Interaktion mit diesen Persönlichkeiten besteht die Gefahr eines erhöhten Konfliktpotenzials.

Checkliste: Der Blick auf andere

- Welche Menschen sind Ihnen suspekt oder unsympathisch? Und warum?

- Mit welchem Verhalten anderer haben Sie am meisten Schwierigkeiten? Und warum?

- Wie möchten Sie auf gar keinen Fall sein? Und warum?

- Von wem werden Sie abgelehnt oder gemieden? Und – was glauben Sie – warum?

- Mit wem möchten Sie lieber nicht arbeiten? Und warum?

Oftmals werden Schwierigkeiten und Missverständnisse auch „nur" dadurch hervorgerufen, dass Worte unterschiedlich interpretiert werden. Das liegt an den individuellen Erfahrungs- und Empfindungswelten der Menschen. Was der eine als Scherz meint, kommt beim anderen als Beleidigung an. Was als vage Möglichkeit geäußert wurde, interpretiert ein anderer als konkretes Vorhaben oder gar Versprechen. Dass

Arbeitsaufträge oft nicht so ausgeführt werden wie vom Auftraggeber erwünscht, liegt meist nicht daran, dass der Auftragnehmer bewusst böswillig handelt, sonder vielmehr daran, dass er etwas anderes verstanden hat. Worte bekommen erst dann einen Sinn, wenn wir sie mit unseren Erfahrungs- und Wissenswelten verknüpfen – doch diese unterscheiden sich nun mal von denen anderer.

Konfliktpotenziale reduzieren

Solange wir das Verhalten anderer Menschen nur aus unserer Perspektive betrachten, werden wir immer wieder enttäuscht, irritiert, verärgert sein. Wir können Unstimmigkeiten reduzieren, wenn wir die Unterschiedlichkeit von Menschen verstehen und unser eigenes Verhalten daran anpassen. Wie das im Einzelnen gelingen kann, demonstrieren Ihnen die Praxisfälle auf den folgenden Seiten exemplarisch.

> Besonderes Konfliktpotenzial besteht zwischen den sach- und beziehungsorientierten Menschen sowie zwischen den Introvertierten und den Extravertierten.

Gleichzeitig sei an der Stelle erwähnt, dass wir hier immer nur von Konflikt*potenzial* sprechen: Die Wahrscheinlichkeit für Schwierigkeiten und Missverständnisse steigt zwar, aber es muss natürlich nicht grundsätzlich zu Problemen kommen. Denn, dass sich Gegensätze ja auch anziehen und vor allem ergänzen können, ist ebenfalls kein Geheimnis. Es kommt also darauf an, was wir daraus machen!

Druck rausnehmen, Widerstände aufbrechen

Extrem extravertierte Menschen neigen dazu, sehr schnell zu entscheiden und zu handeln, weil ihnen daran gelegen ist, voranzukommen und etwas zu bewegen. In der Zusammenarbeit mit eher Introvertierten, die alles langsamer und sorgfältiger angehen wollen, führt dies oft zu Schwierigkeiten.

Beispiel: Delegation versus Diskussion

Iris Neubauer ist Filialleiterin eines Drogeriemarktes. Der Laden liegt zentral in einem Stadtgebiet. Um genügend Kundschaft müssen sie und ihr kleines Team nicht bangen. In Iris Neubauers üblicher Montagmorgenbesprechung mit ihren Mitarbeiterinnen herrscht heute eine angespannte Stimmung – steht doch in dieser Woche besonders viel auf dem Programm: Eröffnung der erweiterten Parfümerieabteilung, Sonderaktionen und die neue Auszubildende beginnt heute in der Filiale.

Normalerweise nimmt sich Iris Neubauer immer Zeit für ihre Mitarbeiterinnen, etwa um am Montagmorgen zu erfahren, was sie am Wochenende erlebt haben, und auch, um ihr eigenes Bedürfnis nach Kontakt und Kommunikation zu stillen. Doch heute steht sie unter Strom. Im Eiltempo geht sie die Aufgaben für die kommenden Tage durch, verweist auf Arbeitsaufträge, die sie vergangene Woche zwischen Tür und Angel ansprach: „Ihr wisst, diese Woche wird es heftig. Karin, deine Hauptaufgabe ist es, gezielt Kundinnen anzusprechen, um sie auf den neuen Bereich aufmerksam zu machen. Außerdem musst du dort noch den Sonderposten deutlicher kennzeichnen – das hatten wir doch besprochen!? Ach ja, und die Azubine – du kümmerst dich doch um sie? Ich hab' einfach keine Zeit dazu." Karin Klein verzieht fast unmerklich das Gesicht und murmelt ein „Hmm", doch ihre Chefin ist schon bei der nächsten Mitarbeiterin, ohne eine Antwort oder eine Frage von Karin Klein abzuwarten.

„Moni, es kommen diese Woche noch weitere neue Produkte. Der Lagerraum muss anders aufgeteilt werden. Ich finde sowieso, dass da endlich etwas passieren muss. Und die Produktkörbe vor dem Laden – da ist mir übers Wochenende noch was Besseres eingefallen." „Aber die hab' ich doch gerade erst aufgebaut?!", entgegnet Monika Sauer entsetzt. „Dann musst du das halt wieder ändern!", kommt knapp als Antwort.

Die Persönlichkeiten und ihre Motive

Aus Sicht der treibenden Chefin

Iris Neubauer ist einen stressigen Job gewöhnt und kann viel aushalten, schließlich sind ihr gute Ergebnisse und ihre Karriere wichtig. Als sie die Filiale vor einem Jahr übernommen hat, lag so manches im Argen. Inzwischen sind die Zahlen aber mehr als zufriedenstellend. Für Iris Neubauer sind Spaß und Teamwork durchaus wichtig, aber sie kann ihren Mitarbeiterinnen auch ordentlich Dampf machen.

Negatives deutlich anzusprechen, gehört in diesem Zusammenhang ebenfalls zur Tagesordnung. Wenn die anderen so gar nicht ihre Vorgehensweisen oder Entscheidungen verstehen wollen, wird sie manchmal auch hektisch und laut. Dann geht ihre Ungeduld mit ihr durch und ihr mangelndes Verständnis für andere, die nicht so ticken wie sie, wird deutlich. Dass Iris Neubauer dadurch ihre Mitarbeiterinnen ordentlich vor den Kopf stößt und deren Widerstand hervorruft, ist ihr bislang nicht bewusst. Solange die Kolleginnen schweigen, ist doch alles in Ordnung – meint sie. Wegen der fehlenden Ruhe und Empathie ist auch die Auszubildenden-Betreuung so gar nicht Iris Neubauers Ding. Sie braucht billige und fleißige

Arbeitskräfte für ihren Laden. Aber für lange Erklärungen hat sie keine Zeit – die Dinge müssen ja vorangehen. Auf ihre Kreativität und ihre spontanen Einfälle ist Iris Neubauer sehr stolz, kann sie dadurch doch so manchen Kunden zusätzlich anlocken. Iris Neubauer kann als extravertierte Person bezeichnet werden, die sowohl sach- als auch menschenbezogen agieren kann. In stressigen Phasen liegt jedoch der Fokus klar auf der Zielerreichung, also der Sachebene.

Aus Sicht der menschorientierten Mitarbeiterin

Die eher introvertierte und beziehungsorientierte Karin Klein ist schon länger in der Filiale als ihre Chefin. Sie liebt die Arbeit mit Menschen, ist selbst ein Familienmensch. Sie braucht ein harmonisches Arbeitsumfeld und geht verständnisvoll auf die Bedürfnisse der Kunden ein. Auf die Betreuung der Auszubildenden freut sie sich schon sehr, aber ihr ist unklar, welche Aufgaben sie ihr konkret übertragen und wie sie gleichzeitig noch all ihre eigenen Aufgaben erfüllen soll.

„Die Chefin macht's sich wieder einfach", denkt sie. Und die Abfuhr mit dem Sonderposten hat sie sehr verletzt. Sie hat das Gefühl, nie etwas richtig zu machen und vermisst es, mal gelobt zu werden. „Soll sie's doch selbst machen", geht ihr durch den Kopf. „Das ist ja nun nicht das erste Mal, dass ihr was nicht gefällt. Wenn sie konkreter sagen würde, wie sie die Dinge haben möchte, würde es vielleicht auch nachher passen. Aber eigentlich wird man alleine gelassen und dann bekommt man einen Rüffel. Und nachfragen, ist ja auch nicht erwünscht." Karin Klein beschließt, sich erst einmal Zeit für die Azubine zu nehmen, der Sonderposten kann warten.

Aus Sicht der lösungsorientierten Mitarbeiterin

Die eher introvertierte und sachorientierte Monika Sauer arbeitet mehr im Hintergrund, kümmert sich ums korrekte Auspreisen, die Logistik, die Produktbestellungen. Sie hasst es, immer wieder schnelle Änderungen vornehmen zu müssen, die noch dazu keinen Sinn für sie ergeben. Iris Neubauer empfindet sie diesbezüglich als planlos und unzuverlässig. Monika Sauer braucht klare Strukturen und einen sicheren Rahmen. Ihrer Chefin vertraut sie nicht so richtig, da das, was gestern gesagt wurde, heute oft schon hinfällig ist – so wie jetzt. Monika Sauer beschließt also, sich ins Lager zurückzuziehen, um dort in Ruhe über eine neue Einteilung nachzudenken. Die Produktkörbe können ihrer Meinung nach warten, die stehen erst einmal gut. Die neue Idee ist in ihren Augen nicht besser als die alte.

Worin liegt das Konfliktpotenzial?

Mit Iris Neubauer und ihren Mitarbeiterinnen treffen Extraversion und Introversion aufeinander:

- Frau Neubauer ist extrem aktiv ist und initiiert ständig Veränderungen. Die Damen Klein und Sauer hingegen sind Neuem gegenüber eher vorsichtig und skeptisch. Sie fühlen sich ohne klare Informationen unsicher. Unter Zeitdruck und ständig wechselnden Rahmenbedingungen zu arbeiten, ist für die beiden zurückhaltenden Frauen eine echte Überforderung.

- Umgekehrt ist es für Iris Neubauer schwer zu akzeptieren, ihre eh schon knapp bemessene Zeit mit langen Erklärungen und Rücksichtnahmen vergeuden zu müssen. Außerdem scheut sie kein Risiko und empfindet ihre Mitarbeiterinnen manchmal als ideenlos und blockierend.

- Der unter Stress genervte Ton und die überlaute Stimme der Chefin sind für die Mitarbeiterinnen das i-Tüpfelchen, das ihren Rückzug endgültig in die Wege leitet.

Dauerhafter Zeitdruck, ständig wechselnde Bedingungen und Anforderungen sowie lautes und hektisches Interagieren fördern bei Introvertierten den Rückzug. Dieser geht nicht selten in Widerstand über, der sich in vielen Formen ausdrücken kann (siehe Übersicht „Die Gesichter von Widerstand").

So könnte es besser funktionieren

Da Iris Neubauer als extravertierter Mensch sowohl sach- als auch personenbezogene Persönlichkeitsanteile in sich trägt, gibt es Schnittmengen mit beiden Mitarbeiterinnen, die sie gezielt nutzen kann.

Zeit nehmen, informieren, unterstützen

Iris Neubauer sollte sich künftig, auch (oder gerade) wenn viel zu tun ist, mehr Zeit für die Arbeitsbesprechungen nehmen. Klare Ansagen sind in Ordnung, allerdings braucht es bisweilen genauere Informationen, wenn es um das Wie geht. Hier sollte Iris Neubauer also die Möglichkeit zum Nachfragen geben oder Unterstützung anbieten.

Übersicht: Die Gesichter von Widerstand
Aufgaben

- bleiben liegen
- werden „vergessen"
- werden nur halbherzig/mit geringer Qualität erledigt

Der Mitarbeiter

- schiebt anderes vor/gibt anderen die Schuld für Ereignisse oder Nichterledigen/ist erfinderisch mit Ausreden
- zögert Entscheidungsprozesse hinaus
- zieht sich zurück, kommuniziert/informiert nicht mehr/macht „Dienst nach Vorschrift"
- wird (oder macht) krank ist unkonzentriert, macht Fehler
- setzt ggf. Gerüchte in die Welt, fördert Intrigen

Frust / Wut wird

- in anderem Verhalten ausagiert (es wird kein Kaffee mehr gekocht, die Mittagspause verlängert, Privates bevorzugt erledigt)
- in sich hineingefressen, bis es zur Explosion kommt
- in zynisches, stures, sarkastisches Verhalten oder
- in Jammern und Wehklagen umgewandelt (Vogel-Strauß-Taktik)

Kritisieren ohne abzuwerten

Seitenhiebe, indirekte Anschuldigungen oder abwertende körpersprachliche Signale werden von anderen wahrgenommen. Iris Neubauer meint manches nicht so, wie es bei anderen ankommt. Sie sollte an ihrer Wortwahl und ihrem Ton arbeiten. Gerade kritische Anmerkungen kommen oft als Schelte an und werden von sensiblen Menschen persönlich genommen, obwohl eigentlich nur das Arbeitsergebnis kritisiert wurde. Hier besteht die Gefahr, dass Mitarbeiter auf Distanz gehen und nur noch Dienst nach Vorschrift machen.

Beispiel (Fortsetzung): Wertschätzend kritisieren

Iris Neubauer könnte zu Karin Klein sagen: „Karin, den Sonderposten hast du ja schon aufgebaut. Prima! Mir ist aufgefallen, dass das Schild noch nicht auffällig genug platziert ist. Schau bitte mal, ob du eine bessere Lösung findest. Vielleicht kann dir auch die Azubine dabei helfen. Was meinst du? (Pause, Blickkontakt, Reaktion abwarten). Dann sieht sie gleich, wie umfangreich unsere Aufgaben sind. Binde sie doch bitte in den kommenden Tagen besonders ein – ich komme nicht dazu. Außerdem machst du das viel geduldiger als ich."

Das Wie ist bei negativer Kritik entscheidend. Der kritische Aspekt soll durchaus konkret benannt werden, aber die Beziehungsebene sollte dabei nicht in Mitleidenschaft gezogen werden, was bei menschenorientierten Persönlichkeiten besonders wichtig ist. Karin Klein erhält außerdem Hinweise, wie sie die Azubine einbinden kann, und schließlich ein Lob für ihre Geduld im Umgang mit Menschen – eine Stärke, die sie nun wieder unter Beweis stellen darf.

Andere durch Fragen einbinden

Monika Sauer empfindet es als höchst frustrierend, wenn Entscheidungen oder gar ausgeführte Arbeiten wieder rückgängig gemacht werden (sollen). Ihre Chefin könnte ihr durchaus mehr Kompetenz zutrauen. Als lediglich ausführendes Organ fühlt sie sich minderwertig. Sie möchte ihr Wissen und ihre Erfahrungen in die Entscheidungsprozesse einfließen lassen.

Beispiel (Fortsetzung): Erfahrungswissen nutzen

 „Moni, du weißt, dass wir diese Woche noch weitere Produkte bekommen. Dafür müssen wir unseren Lagerraum umgestalten. Vielleicht ist das der richtige Zeitpunkt, um generell zu überlegen, wie wir ihn besser nutzen können. Wie siehst du das? … Kannst du dir bis Mittwochmorgen bitte Gedanken darüber machen? Dann setzen wir uns zusammen. Wenn vernünftige Lösungen gefragt sind, bist du doch unsere Fachfrau. Schaffst du das bis dahin? … Und nun zu den Warenkörben: Du hast ja schon viele saisonale Werbeaktionen durchgeführt. Wie sind deine Erfahrungen? … Sprechen wir unsere Kunden so an? … Welche Vorschläge hast du? … Ich hab' da vielleicht noch eine gute Idee. Aber wir können ja ein paar Tage abwarten, wie sie ankommen, und dann gegebenenfalls eingreifen."

Durch offene Fragen kann Iris Neubauer die Erfahrungen und Meinungen ihrer Mitarbeiterinnen einholen und ein von allen Seiten getragenes Ergebnis erzielen. Denn wer selbst Vorschläge einbringt, hat einen höhere Bereitschaft, Verantwortung für die Umsetzung zu übernehmen. Wird man ständig vor vollendete Tatsachen gestellt, regt sich oft Widerstand. Es gilt, keinen allzu großen Zeitdruck aufzubauen, denn Monika

Sauer braucht Zeit, um perfekte Ergebnisse zu erarbeiten. Eventuell sollte Iris Neubauer entscheiden, was Priorität hat, damit ihre Kollegin nicht meint, alles gleichzeitig erledigen zu müssen – das würde sie enorm stressen.

Checkliste: Widerstand bei Introvertierten vermeiden

- Nehmen Sie sich Zeit für Erläuterungen und Fragen.

- Beseitigen Sie Unsicherheit durch Informationen.

- Bieten Sie Unterstützung an für die Arbeitsdurchführung.

- Sprechen Sie Anerkennung für kleine Arbeitserfolge aus.

- Zeigen Sie Wertschätzung für die Person bzw. Leistung.

- Bringen Sie Ruhe in eine Sache und nehmen Sie den Druck von dem Mitarbeiter. Sprechen Sie langsamer, ruhiger und lassen Sie mehr Zeit für die Aufgabenbewältigung.

- Fragen Sie den Mitarbeiter nach seiner Meinung, seinen Erfahrungen und Bedenken.

- Beweisen Sie Verlässlichkeit und Beständigkeit, indem Sie halten, was Sie versprechen, und nicht unentwegt etwas Neues anstoßen.

Veränderungen vorbereiten, Sicherheit bieten

Nicht jeder betrachtet Veränderung als etwas Positives. Um sicherheitsorientierte Persönlichkeiten an Neues heranzuführen, braucht es bestimmte Vorgehensweisen.

Beispiel: Wettbewerbsfähigkeit versus Stabilität

Bernhard König ist Abteilungsleiter in der Chemiebranche. Er hat 12 Mitarbeiter, darunter eine Assistentin, die schon viele Jahre im Unternehmen ist. Sie heißt Sieglinde Ehrlich und ist eine ältere Dame, die routiniert ihre Aufgaben erfüllt. Sie weiß, dass ihr Chef einen hohen Leistungsanspruch hat, dem sie stets versucht, gerecht zu werden. Dies ist jedoch kaum zu schaffen – und manchmal denkt sie auch „Mach's doch selbst, wenn Du immer alles besser weißt und kannst." Es ist Mittwochabend. König ist extrem verärgert und schimpft laut „Was ist denn das wieder? Hören die mir überhaupt zu? ... Dann kann ich auch gleich alles selbst machen!"

Was war passiert? Bernhard König hatte Frau Ehrlich am Vormittag die Aktualisierung einer Datenliste für eine wichtige Bereichsbesprechung am Donnerstagmorgen in Auftrag gegeben. Als er die Liste bekommt, stellt er fest, dass Frau Ehrlich noch immer mit der alten Software arbeitet, anstatt die neue, seit kurzem installierte Verwaltungssoftware zu nutzen. Dies ärgert Bernhard König umso mehr, als dass die Kosten dafür nicht unerheblich waren.

Was seinen Mitarbeiter, Heiner Peters, angeht, so hatte Bernhard König ihm per E-Mail mitgeteilt, dass er ihn auf seiner Reise ab Donnerstagnachmittag begleiten und einen Teil der Verhandlungen mit dem Kunden führen müsse. Für dieses Gespräch sollte Peters Unterlagen aufbereiten und ihm bis heute Abend auf den Tisch legen. Bernhard König ist absolut unzufrieden mit dem, was er nun vorfindet: Die Liste von Frau Ehrlich ist nicht nach neuesten Maßstäben erstellt und das Papier von Heiner Peters ist viel zu umfangreich. Gleichzeitig sind die Besonderheiten und Vorteile des Produkts seines Erachtens nicht genug hervorgehoben. Bernhard König denkt „Wenn der so die Verhandlungen führt, dann braucht er erst gar nicht mitfahren."

Die Persönlichkeiten und ihre Motive

Aus Sicht des zielorientierten Managers

Bernhard König will seine Ziele erreichen und setzt sich dafür jederzeit mit voller Energie ein. Von anderen erwartet er dasselbe, so dass es für ihn nicht nachvollziehbar ist, dass andere nicht genauso schnell und ergebnisorientiert handeln wie er. Außerdem ist es für ihn normal, dass Veränderungen im wirtschaftlichen Wettbewerb zum Überleben dazu gehören. In diesem Zusammenhang zu akzeptieren, dass manche Kollegen da nicht ohne Zögern mitziehen, fällt ihm enorm schwer.

Bernhard König repräsentiert den sachbezogenen, extravertierten Menschen, der wenig Sinn für Small Talk, lange Abstimmungsdebatten oder ein intensives persönliches Miteinander hat. Emotionen haben für ihn am Arbeitsplatz nichts verloren.

Aus Sicht der hilfsbereiten Teamassistentin

Sieglinde Ehrlich war wie immer bemüht, die Statistik korrekt zu aktualisieren, doch mit der neuen Software war ihr das schier unmöglich. Sie hat sich bislang erfolgreich davor drücken können, diese einzusetzen – und sieht auch keinerlei

Vorteil darin. Sie ist aber fast noch mehr darüber verärgert, dass ihr Chef sie nicht informiert und eingebunden hat. Eine Einführung in die Software hat bis heute nicht stattgefunden. Und selbst auszuprobieren, was diese leistet, ist nicht ihr Ding. Sie fühlt sich im Stich gelassen. Für sie als introvertierter Beziehungsmensch wäre es wichtig gewesen, dass ihr Chef sich ein wenig Zeit genommen hätte.

Aus Sicht des peniblen Wissenschaftlers

Heiner Peters hat dem Auftrag seines Vorgesetzten volle Konzentration geschenkt und sein Bestes gegeben, um alle Informationen in dem Papier unterzubringen. Allerdings war ihm die Zeit dafür viel zu knapp. Er hasst es, plötzlich einem anderen Projekt den Vorrang geben zu müssen und unter Zeitdruck hohe Qualität abliefern zu müssen. Was ihm als Introvertierten bei diesem Auftrag vor allem im Magen liegt, ist die Information, dass er einen Teil der Verhandlungen übernehmen soll – wo er doch gar nicht weiß, was von ihm erwartet wird, und wo er noch nie in einer solchen Runde dabei war. Peters möchte keine Fehler machen und auf alles gut vorbereitet sein.

Reichlich unpassend findet er die Art und Weise, wie ihm sein Chef dies alles mitteilt. Er kann grundsätzlich gut mit einem unpersönlichen E-Mail-Austausch umgehen, aber dieser knappe Arbeitsauftrag ohne Hintergrundinformation gefällt ihm aufgrund seines Bedürfnisses nach Fakten und Details überhaupt nicht. Sein Chef hätte doch auch persönlich mit ihm sprechen können; dann hätte er nachfragen können, wie es zu dem zeitnahen Termin kam, welche Informationen er aufbereiten solle, auf wen man dort treffen wird usw.

Worin liegt das Konfliktpotenzial?

Bernhard König setzt seine Verhaltens- und Einstellungs-maßstäbe auch bei anderen Menschen an:

- Er bedenkt nicht, dass andere Persönlichkeiten von völlig anderen Motiven getrieben werden könnten. So sieht er beispielsweise nicht, dass für sehr sicherheitsbewusste, also introvertierte Menschen der Schritt ins Ungewisse Ängste mit sich bringt, während er selbst Neues in der Regel als spannende Herausforderung betrachtet.

- Sieglinde Ehrlich braucht als introvertierter Beziehungs-mensch den persönlichen Kontakt und eine vertrauensvolle Atmosphäre, um Höchstleistungen zu erbringen. Mit Bernhard König hat sie jedoch einen Vorgesetzten, der den Fokus auf die Zielerreichung und dem Funktionieren der Prozesse legt. Ob sich seine Mitarbeiter dabei wohl fühlen oder nicht, ist für ihn nicht entscheidend.

- Heiner Peters, dem introvertierten Kopfmenschen, gegenüber kann König sachlicher verfahren, allerdings braucht dieser möglichst viele Informationen für die Aufgabe. Dieser mag er sich nur nach intensiver Vorbereitung und klarer Abstimmung widmen. Bernhard König kann nicht davon ausgehen, dass sich sein Mitarbeiter spontan auf die Gegebenheiten einstellt.

Veränderungen sind bei Extravertierten willkommen, rufen bei Introvertierten aber Unbehagen hervor. Eigeninitiative und Neugier können kaum vorausgesetzt werden. Vielmehr braucht es eine Auseinandersetzung mit den Vorbehalten und Ängsten. Dies kostet Zeit und Mühe, was den extravertierten, sachorientierten Menschen extrem fordert.

So könnte es besser funktionieren

Veränderungen vorbereiten und begleiten

Sieglinde Ehrlich ist ein Mensch, der Stabilität schätzt und nicht gleich auf alles Neue aufspringt. Vor allem große Veränderungen, bei denen sie sich an andere Vorgehensweisen oder Menschen gewöhnen muss, machen ihr Angst. Ihr Chef hätte sie behutsam auf die neue Software vorbereiten müssen, indem er sie im Vorfeld über die Notwendigkeit informiert und gemeinsam mit ihr Maßnahmen zur Einarbeitung festgelegt hätte.

Persönliche Beziehung stärken

Bernhard König sollte seine Mitarbeiterin eng führen, wenn es um neue oder schwierige Aufgaben geht. Er darf sie nicht einfach alleine lassen und davon ausgehen, dass sie auf ihn zukommt, um sich Hilfe zu holen, wenn sie nicht weiter weiß. König sollte ihr stattdessen konkrete Unterstützung anbieten. Sieglinde Ehrlich ist es nämlich wichtig, als Mensch gesehen zu werden. Ihr tut es gut, regelmäßig ein kleines Lob von ihm zu erhalten und zu spüren, dass er ihre Arbeit und ihre Loyalität schätzt. Um sich ihrer künftigen Motivation und Treue sicher zu sein, muss er die persönliche Beziehung stärken, so schwer ihm das als ziel- und sachorientiertem Menschen auch fallen mag.

Checkliste: Die Beziehung mit menschenorientierten Personen stärken

- Halten Sie persönlichen Kontakt, indem Sie ab und zu nach dem Befinden und Erlebnissen des anderen fragen.

- Erkundigen Sie sich nach der Familie, den Kindern.

- Zeigen Sie selbst Offenheit und lassen Sie den anderen etwas von sich erfahren.

- Übertragen Sie Aufträge persönlich, nicht nur schriftlich.

- Hören Sie aufmerksam und interessiert zu. Schaffen Sie eine vertrauensvolle und wertschätzende Atmosphäre.

- Zeigen Sie dem anderen, dass Sie sich Informationen über ihn gemerkt haben, wie Vorlieben, Hobbys, geplante Aktivitäten: „Sie wollten doch letzte Woche in dieses neue Kaufhaus ... Haben Sie sich etwas Tolles gegönnt?"

- Spiegeln Sie Stimmungen oder Mimik, wie z. B. „Sie strahlen ja richtig! Was ist passiert?", oder: „Sie machen heute aber einen niedergeschlagenen Eindruck."

- Geben Sie dem anderen Gelegenheit, über seine Gefühle zu sprechen: „Na, setzen Sie sich erst einmal. Wollen Sie mir erzählen, was vorgefallen ist?"

Fachexpertise anerkennen und nutzen

Heiner Peters ist ein sehr fleißiger und intelligenter Mitarbeiter, mit dem Bernhard König grundsätzlich sehr zufrieden ist. Er schätzt ihn wegen seines Fachwissens, aufgrund dessen er ihn auch bei der Verhandlung dabei haben will. Keiner kennt sich auf diesem Gebiet so gut aus wie sein Mitarbeiter Peters. Vermutlich hätte Bernhard König genau dies als Begründung liefern sollen, dass er bei der Verhandlung dabei sein soll. Heiner Peters will als introvertierter Denker nun mal Anerkennung für sein Expertenwissen.

Rahmen setzen, Sicherheit schaffen

König hätte die genaue Vorgehensweise persönlich mit seinem Mitarbeiter besprechen und ihm mitteilen sollen,

- was er beim Kunden erreichen möchte,
- auf welche Ansprechpartner sie dort treffen werden und
- wo seines Erachtens Schwierigkeiten auftreten könnten.

Er sollte außerdem fragen, wie Heiner Peters die Sache einschätzt und welche Risiken sie noch bedenken sollten. Peters hat ein Gespür für Gefahren und kann wichtige Inputs liefern.

In Bezug auf die von Heiner Peters erarbeiteten Unterlagen sollte König aufzeigen, was er in Zukunft von ihm erwartet. Da das Dokument in seinen Augen viel zu umfangreich und kompliziert war, sollte er ihm Hinweise auf die nötige Kürze, Prägnanz und Verständlichkeit geben. Heiner Peters wüsste dadurch künftig, was von ihm erwartet wird, und würde sich sicherer fühlen.

Eigene Ideen verkaufen, andere überzeugen

Manche Menschen müssen emotional berührt werden, um sich einer Idee anzuschließen, andere wiederum brauchen Fakten und gute Argumente.

Beispiel: Enthusiasmus versus Fakten

Michael Sonntag, Top-Verkäufer in einem mittelständischen Unternehmen, das Schreibgeräte entwickelt und vertreibt, wurde von seinem Vorgesetzten aufgefordert, den Geschäftsführern seine neue Produktidee in einer kurzen Präsentation vorzustellen. Am Morgen des Präsentationstages entwirft Sonntag in aller Eile vier PowerPoint-Seiten, anhand derer er der Geschäftsführung seine Idee schmackhaft machen möchte. Er ist davon überzeugt, mit seiner Vision den Markt zu revolutionieren, und geht davon aus, dass andere dies auch so sehen. Marktforschungsdaten, erwartete Umsatzzahlen, Investitionskosten und Ähnliches sind für Sonntag daher verzichtbar.

Sonntag kommt zu dem für 14:00 Uhr angesetzten Termin etwas gehetzt, aber gerade noch rechtzeitig. Er hatte sich in der Mittagspause noch von einem Kollegen aufhalten lassen. Als er das Besprechungszimmer der Geschäftsführer betritt, strahlt er über das ganze Gesicht und fängt nach einem kurzen Gruß mit lebhafter Gestik an, von seiner Produktidee zu schwärmen. Dabei springt Sonntag von einem Thema zum anderen, betont in einem Satz seine bisherigen Verkaufserfolge, skizziert im nächsten schillernde Zukunftsszenarien; erzählt von unzufriedenen Kunden und schwärmt von Wachstum und steigendem Image des Unternehmens.

Nach einigen Minuten unterbricht Werner Klar, Geschäftsführer für Marketing, Vertrieb und Personal, den Vertriebsprofi etwas barsch mit Blick auf die Uhr: „Herr Sonntag, ich habe noch nicht verstanden, was der besondere Nutzen oder das wirklich Außergewöhnliche an Ihrem Gerät ist. Außerdem muss ich gleich

weiter zum nächsten Termin. Kommen Sie also auf den Punkt."
Und Dr. Manfred Schwarz, Geschäftsführer der Bereiche Entwicklung, Produktion und Controlling, stellt dem nun etwas enttäuscht wirkenden Michael Sonntag kritische Fragen: „Sind Sie
denn sicher, dass diese Technik funktioniert? So etwas haben wir
noch nicht hergestellt. Welche Materialien sollen denn dafür
verwendet werden? Das könnte ganz schön teuer werden ..."

Die Persönlichkeiten und ihre Motive

Aus Sicht des quirligen Verkäufers

Michael Sonntag verkörpert den extravertierten Gefühlsmenschen. Er sprüht vor Begeisterung und stellt den Geschäftsführern seinen Vorschlag mit großen Emotionen vor. Er ist
davon überzeugt, dass seine Idee den Durchbruch bringt, denn
er empfindet das Unternehmen als träge und konservativ. In
Sonntags Augen wird es daher endlich Zeit, dass sich in
Sachen Produkterweiterung etwas tut, und heute ist der
ideale Tag, um die Weichen zu stellen.

Aus Sicht des nutzenorientierten Entscheiders

Werner Klar ist bereits nach wenigen Minuten Präsentation
ziemlich genervt, da er den besonderen Nutzen der Produktidee nicht herausfiltern konnte. Er ist als extravertierte Persönlichkeit grundsätzlich offen für Neues, aber zu einer positiven Entscheidung fehlen ihm hier klare, überzeugende
Argumente. Werner Klar schätzt aufgrund seiner starken
Sachorientierung kurze, prägnante und gut strukturierte Präsentationen, die ihm schnell aufzeigen, welchen Vorteil das
Unternehmen von dem Vorschlag hat. Was er heute zu hören

bekommt, sind eher nette Visionen gespickt mit einer gehörigen Portion Optimismus und Eigenlob.

Aus Sicht des konservativen Zahlenmenschen

Dr. Manfred Schwarz, der introvertierte der beiden Geschäftsführer, ist grundsätzlich skeptisch und vorsichtig, wenn es um Neues geht. Er braucht ausreichend Zahlen, Daten, Fakten und Zeit, um zu einer Entscheidung zu gelangen. Die Präsentation von Michael Sonntag empfindet er als wenig durchdacht und völlig unstrukturiert. Wichtige Daten sind seines Erachtens nicht eruiert worden. Die Folien sind in seinen Augen nur „schöne Bildchen", die ihm keine Entscheidungsgrundlage bieten. Die Präsentation bestärkt den sachorientierten Geschäftsführer in seiner Einstellung, dass der Vertrieb zwar gute Anregungen für Neuentwicklungen liefern kann, tiefgehende Analysen und ordentliche Ausarbeitungen aber nicht dessen Stärken sind. Die Idee von Michael Sonntag wird er möglicherweise aufgreifen, aber dabei sehr genau prüfen, ob das Produkt technisch umsetzbar und kostenmäßig tragbar ist.

Worin liegt das Konfliktpotenzial?

Die kreativ-visionäre Art von Michael Sonntag stößt bei den sachorientierten, rational agierenden Geschäftsführern auf Widerspruch:

- Sie wollen Fakten, um Entscheidungen zu treffen, und nicht eine vage Idee. Sie brauchen Struktur, um zu ver-

stehen, und einen Plan oder eine Strategie, um weiter-
zukommen.

- Der innovative Bauchmensch dagegen lässt sich überwiegend von seiner Intuition und seinen Gefühlen leiten und
verliert dabei schon mal das Ziel aus den Augen. Er möchte
sich am liebsten nie festlegen.

- Für die beiden Denker kommt Sonntag in dieser Präsentation als oberflächlicher, unzuverlässiger Dampfplauderer
daher, der viele Vorhaben – und übrigens auch sich selbst
– unrealistisch einschätzt.

Starke Emotionalität, gepaart mit eher unrealistischen Vorstellungen und
wenig Fakten sind ein „No go" für sachorientierte Menschen.

So könnte es besser funktionieren

Fakten und Vorteile herausstellen

Enthusiasmus und Spontaneität sind also nur bedingt zielfüh-
rend. Sachorientierte Persönlichkeiten lassen sich in erster
Linie von Fakten und guten Argumenten überzeugen. Sie
brauchen Informationen, um einen neuen Vorschlag bewerten
zu können. Entscheidungen werden erst nach Sichtung des
Datenmaterials und nach Abwägen der Vorteile und Risiken
getroffen – darauf sollte Michael Sonntag in Zukunft achten.

Zielgruppenorientiert vorgehen

Schon bei der Vorbereitung der Präsentation muss sich Michael Sonntag Gedanken darüber machen, mit welchen Menschen er es zu tun hat, welche Funktion sie wahrnehmen und welche Ziele sie verfolgen. Die Folien sollten dann alle für seine Zuhörer relevanten Informationen erhalten. Wenn Michael Sonntag die beiden rational agierenden Geschäftsführer überzeugen will, muss er nicht nur Zahlen, Fakten und Nutzen herausstellen, sondern auch vernünftig argumentieren und strukturiert vorgehen. Sein selbstsicheres Auftreten und seine Begeisterungsfähigkeit werden Sonntag durchaus Pluspunkte verschaffen – solange er hierbei nicht überzieht. Zu viel Emotionalität wäre kontraproduktiv.

Checkliste: Umgang mit Sachorientierten

- Liefern Sie möglichst viele Informationen, Zahlen, Fakten.

- Berichten Sie strukturiert und schlüssig.

- Beziehen Sie sich auf objektive Tatsachen und berichten Sie weniger von Ihren subjektiven Erlebnissen und Empfindungen.

- Fassen Sie sich kurz. Kommen Sie gleich auf den Punkt. Sparen Sie sich lange Vorreden oder Small Talk.

- Respektieren Sie deren Distanziertheit. Nehmen Sie eine empfundene Kälte oder Härte nicht persönlich.

- Meiden Sie persönliche Nachfragen. Bleiben Sie sachlich.

Erwartungen klar formulieren, sich Respekt verschaffen

Sehr selbstbewusste Persönlichkeiten überschreiten gerne mal Grenzen und bereiten anderen damit Schwierigkeiten. Ihnen gegenüber gilt es, Klartext zu reden, um auf Augenhöhe zu kommen.

Beispiel: Langjährige Erfahrung versus schneller Aufstieg

Friedbert Hausmann ist Techniker in einem Unternehmen, das technische Produkte für die Industrie herstellt. Vor einem Monat hat er seine 25-jährige Betriebszugehörigkeit gefeiert. Das Unternehmen ist seine zweite Heimat geworden, in der Hausmann sich auskennt und wohl fühlt. Aufgrund seines hervorragenden Fachwissens, seiner langjährigen Erfahrung und Loyalität hat man ihn vor vier Monaten im Zuge einer Umstrukturierung zum Gruppenleiter einer sechsköpfigen Mannschaft gemacht. Fünf Mitarbeiter sind seine ehemaligen Kollegen, ein Mitarbeiter kam vor ca. einem Jahr neu ins Unternehmen und wurde ihm im Rahmen der Umstrukturierung zugeteilt.

Friedbert Hausmann hat seit seiner Ernennung zum Vorgesetzten nichts Wesentliches verändert. Er arbeitet weiterhin in erster Linie an seinen Fachaufgaben und erledigt die Formalitäten, die zu seiner Führungsrolle gehören. Mit seinen alten Kollegen kommt Hausmann nach wie vor bestens aus. Nur der Neue, Martin Reitberger, der um einige Jahre jüngere und studierte Kollege, bereitet Hausmann Magenschmerzen. Er ist ein Einzelkämpfer, sehr engagiert, aber auch immer wieder auf Konfrontation aus. Seine Alleingänge und seine herausfordernde, manchmal überhebliche Haltung ihm gegenüber kann Hausmann nicht länger dulden. Auch die Kollegen beschweren sich schon über Reitbergers mangelnde Teamfähigkeit. Es ist an der Zeit, mit dem Neuen zu reden.

Die Persönlichkeiten und ihre Motive

Aus Sicht des loyalen Experten

Friedbert Hausmann hält es ohne Probleme lange an einem Ort aus, an dem die Rahmenbedingungen und die zwischenmenschliche Atmosphäre stimmen. Seine Aufgaben erledigt er immer gewissenhaft, seine Vorgesetzten waren bislang stets zufrieden. Für die Kollegen ist er ein ruhender Pol, zu dem sie immer mit ihren Fragen und ihrem Kummer kommen können. Sein Verhaltensstil ist introvertiert und sowohl von Sach- als auch von Menschenorientierung geprägt.

Als man Hausmann die Führungsposition antrug, konnte er kaum ablehnen, hätte sich selbst aber aufgrund seiner Zurückhaltung nie auf die Stelle beworben. Er fühlt sich in dieser Vorgesetztenrolle nicht sonderlich wohl. Er ist niemand, der anderen sagt, wo es langgeht oder der der Geschäftsführung die großen Strategien vorschlägt. Friedbert Hausmann ist eher der Routinier und Umsetzer, der in Ruhe seine Arbeit erledigen möchte. Dass er als Führungskraft anders agieren müsste, weiß er, doch er kann sich nur schwer von seinen Gewohnheiten lösen. Bezüglich mancher Vorgehensweisen, wie z.B. einem Mitarbeitergespräch, ist er unsicher. Er hat so etwas noch nicht gemacht und bräuchte einen Leitfaden oder zumindest einige Informationen über die Struktur eines solchen Gesprächs.

Martin Reitberger stellt ihn vor eine besondere Herausforderung, da dieser alles sofort entschieden haben will und ihn spüren lässt, dass er überzeugt davon ist, selbst die bessere

Führungskraft zu sein. Friedbert Hausmann muss, obwohl er sich bei dem Gedanken absolut unwohl fühlt, das Gespräch mit Reitberger suchen, um ihm Grenzen zu setzen und ein angenehmeres Arbeitsklima im Team herzustellen.

Aus Sicht des ehrgeizigen Neulings

Der extravertierte und sachbezogene Martin Reitberger arbeitet hart und hatte sich, als die Umstrukturierung bekannt wurde, Hoffnungen auf den Teamleiterposten gemacht. Schließlich verfügt er über einige Jahre Berufserfahrung und hat das Zeug zur Führungskraft. Als seine Bewerbung abgelehnt wurde, war er sehr wütend. Friedbert Hausmann ist für ihn zwar ein guter Fachmann, aber sicher keine Führungskraft. Manche seiner Vorgehensweisen hält er für umständlich, Entscheidungen dauern ihm zu lange und Hausmanns kritische Haltung bremst aus seiner Sicht Neuerungen. Diesen Chef noch lange vor der Nase zu haben, ist für Martin Reitberger eine ziemlich unerträgliche Vorstellung.

Worin liegt das Konfliktpotenzial?

Mit dem loyalen Fachmann und dem ehrgeizigen Karrieretyp treffen in vielen Aspekten Gegensätze aufeinander:

- Hausmann agiert vorsichtig und nur dann, wenn er sich sicher ist, das Richtige zu tun; Reitberger braucht schnelle Entscheidungen und nimmt Risiken in Kauf.

- Eine herausragende Position mit vielen Freiheitsgraden und vernünftiger Entlohnung sind für Reitberger selbstverständlich. Hausmann legt dagegen Wert auf ein gutes

Arbeitsklima, Vertrauen und langfristige Sicherheit. Er muss nicht der große Steuermann sein, sondern möchte einfach nur ordentliche Ergebnisse abliefern.

- Der junge Kollege aber will Vollgas geben und auf dem Siegerpodest stehen – und am besten auf die anderen herabschauen. Hausmann empfindet das als wenig wertschätzend. Für ihn tragen alle zum Gelingen bei, das Team ist ein wichtiger Erfolgsfaktor. Umso schwieriger ist es für ihn, dass Reitberger sich so ablehnend bzgl. einer harmonischen Zusammenarbeit zeigt.

> Aus Sicht des extravertierten Machers haben Introvertierte weder die Power noch das Standing, Dinge voranzutreiben und durchzusetzen. Entscheidungsprozesse dauern zu lange, wichtige Neuerungen werden nicht eingeführt. Persönlichen Erfolg zu haben, ist dem sachorientierten Karrieretyp wichtiger als eine gute Stimmung im Team.

So könnte es besser funktionieren

Sich bewusst machen, was wie erreicht werden soll

Friedbert Hausmann besorgt sich Informationen über ein professionelles Mitarbeitergespräch von der Personalabteilung. Er möchte auf das Gespräch mit Martin Reitberger gut vorbereitet sein und keine Fehler machen. Vorher überlegt er sich genau, was er erreichen will, welche Inhalte er ansprechen muss und welche Beispiele oder Argumente er zur Untermauerung seiner Aussagen nennen kann. Er erarbeitet eine logische Struktur und legt Rahmenbedingungen fest. Da Martin Reitberger ein überwiegend rational agierender Mensch ist, tut Friedbert Hausmann gut daran, auf der Sachebene zu argumentieren, logische Begründungen für Entscheidungen zu liefern und Klartext zu reden.

Hausmann bittet Reitberger zum Gespräch, indem er sagt: „Herr Reitberger, wie Sie wissen, stehen in den nächsten zwei Wochen die Mitarbeitergespräche an. Ich schlage den kommenden Montag, 15:00 Uhr, für unser Gespräch vor. Ich lasse den Besprechungsraum für uns reservieren. Planen Sie bitte zwei Stunden Zeit ein, damit wir unsere bisherige und künftige Zusammenarbeit intensiv besprechen können."

Die innere Haltung überprüfen

Hausmann überdenkt seine innere Haltung. Er weiß, dass er nicht die geborene Führungskraft ist. Dennoch hat er die Dinge in seiner neuen Rolle im Griff. Schließlich wird er von anderen als kompetenter und vertrauenswürdiger Chef geschätzt. Seinem jungen Mitarbeiter gegenüber darf er also selbstbewusst auftreten. Hausmann macht sich vor dem Gespräch seine Stärken bewusst und nimmt sich vor, seine Ziele zu erreichen.

Möglichkeiten und Grenzen klar formulieren

Im Gespräch achtet Hausmann darauf,

- kurze, prägnante Aussagen zu treffen (ohne Umschweife, Weichmacher oder Konjunktive),
- deutlich anzusprechen, was ihn an Reitbergers Verhalten gestört hat,
- klare Erwartungen zu formulieren,

- seinem Mitarbeiter für die Zukunft Grenzen zu setzen,
- konkrete Vereinbarungen zu treffen.

Da Hausmann sich bewusst ist, dass er i.d.R. eine zurückhaltende Körpersprache zeigt, bemüht er sich ergänzend um

- direkten Blickkontakt, v. a. beim Äußern von Kritik und Erwartungen,
- eine aufrechte, zugewandte Körperhaltung, eher vorne am Tisch,
- den Inhalt unterstützende Gestik sowie
- eine feste, klare Stimme.

Verantwortung übertragen, Ergebnisse kontrollieren, Akzeptanz erlangen

Schließlich geht es noch darum, dem ehrgeizigen jungen Kollegen eine Rolle zu übertragen, in der er gefordert ist und seine Leistungsfähigkeit unter Beweis stellen kann. Hausmann überträgt ihm also eine Projektleiterrolle, in der er Verantwortung – auch für Projektmitarbeiter – übernehmen kann und gleichzeitig über Entscheidungsfreiheit verfügt. In dieser Aufgabe kann er sich erst einmal profilieren. Es ist wichtig, einem ehrgeizigen, zielstrebigen Menschen ohne disziplinarische Verantwortung andere Schlüsselpositionen und Verantwortungsbereiche zu übertragen, in denen er einen wichtigen Beitrag für das Unternehmen leisten kann. So dürfte der Konkurrenzkampf etwas eingedämmt sein. Nichtsdestotrotz sollte Hausmann über den Fortschritt und die Ergebnisse des Projekts seines Mitarbeiters informiert sein, um ggf. eingreifen zu können. Hausmann darf während des Gesprächs (und auch sonst) keinen Zweifel daran aufkommen lassen, dass *er* der Chef ist. Es muss erreichen, dass sein Mitarbeiter ihn als Vorgesetzten akzeptiert.

Checkliste: Auf Augenhöhe mit selbstbewussten, sachorientierten Persönlichkeiten

- Machen Sie sich Ihre Stärken bewusst, dann strahlen Sie mehr Selbstsicherheit aus.
- Wichtig sind eine aufrechte Haltung, ein fester Händedruck, direkter Blickkontakt und eine forsche Stimme.
- Seien Sie überzeugt von dem, was Sie sagen.
- Lassen Sie Ihre Ernsthaftigkeit erkennen (in Mimik, Stimme, Worten).
- Bleiben Sie auf der Sachebene.
- Formulieren Sie kurze, prägnante Aussagen.
- Vermeiden Sie Konjunktive oder Füllwörter wie z.B. „vielleicht", „eventuell", „irgendwie könnte man".
- Nennen Sie nachvollziehbare Argumente.
- Stellen Sie einen Nutzen dar.
- Treffen Sie möglichst schnell Entscheidungen.
- Sagen Sie deutlich, was für Sie geht und was nicht geht.
- Treffen Sie klare Vereinbarungen.

Gemeinsam Ziele erreichen, Differenzen überwinden

Unterschiedliche Vorlieben und Vorgehensweisen können Konflikte, aber auch bessere Ergebnisse hervorbringen – sofern man bereit ist, aufeinander zuzugehen und etwas Gemeinsames entstehen zu lassen.

Beispiel: Detailverliebtheit versus gestalterische Freiheit

Friedbert Hausmann hatte vor kurzem von der Geschäftsführung den Auftrag erhalten, bis zum Quartalsende sein Team auf der Firmenhomepage zu präsentieren. Um dies zu erreichen, muss er mit der Marketing-Abteilung zusammenarbeiten. Simone Aichner ist hier seine Ansprechpartnerin. Diese kennt er nur flüchtig von einer Recruiting-Messe, auf der sie das Unternehmen repräsentierte. Diese Aufgabe schien ihr gut zu gefallen. Es fiel Hausmann auf, dass sie fast durchgängig in Gesprächen mit Interessenten war. Dabei gestikulierte sie heftig und lachte laut.

Bereits vor drei Wochen hatte er ihr einen 20-seitigen Vorschlag für die Website gemailt und um Antwort gebeten. Bis heute kam keine Reaktion. Hausmann ist nun unruhig wegen des nahenden Abgabetermins und schickt Simone Aichner eine Erinnerungsmail, auf die die Kollegin nur lapidar antwortet: „Ja, ja, Herr Hausmann, ich komme nächste Woche auf Sie zu. Das kriegen wir schon irgendwie hin."

Die Persönlichkeiten und ihre Motive

Aus Sicht des nüchternen Fachmanns

Der introvertierte und sachorientierte Friedbert Hausmann hatte sich lange überlegt, worüber er auf der Homepage informieren möchte, und dann in seiner perfektionistischen Art das detailreiche Dokument verfasst. Dieses schickte er – mit einem 3-Zeiler versehen – an die Marketing-Abteilung. Hausmann geht davon aus, dass damit alles klar sei. Die Texte sind mit Sorgfalt und ohne Fehler erstellt, passende Bilder sind beigefügt – im Prinzip muss Simone Aichner nur noch das Layout gestalten. Er erwartet eine rechtzeitige Antwort und eine vernünftige Umsetzung.

Aus Sicht der sorglosen Marketing-Managerin

Die extravertierte und menschenorientierte Simone Aichner schüttelt nur den Kopf, als sie das Dokument von Friedbert Hausmann erhält. Vollständig gelesen hat sie es bis heute nicht. Sie ist nicht der Typ, der Berge von Papier verschlingen kann, und sie mag es auch nicht, wenn man sie per E-Mail einfach mit einem solchen Auftrag konfrontiert. Sie mag es lieber persönlicher. Außerdem arbeitet sie gern kreativ. Es liegt ihr, Texte für andere leicht verständlich zu machen sowie Aufmerksamkeit und Begeisterung hervorzurufen. Jedoch kann sie das nicht auf Knopfdruck und schon gar nicht, wenn man sie allzu sehr einengt. Sie hat ihren eigenen Stil und ist dabei schon öfters bei ihren Kollegen aus dem technischen Bereich angeeckt. Nichtsdestotrotz wird sie auch Friedbert Hausmanns Ausführungen extrem kürzen und, wie sie es nennt, aufpeppen müssen. Dafür wird sie sich eine spannende optische Umsetzung ausdenken.

Ihr Schreibtisch ist wie immer voll, da einige Projekte laufen und sie alles gleichzeitig erledigen will. Hausmanns Auftrag wird sie aber auch noch irgendwie schaffen, auch wenn die Motivation für diesen trockenen Stoff nicht allzu groß ist.

Worin liegt das Konfliktpotenzial?

Die spontane, lebensfrohe Marketing-Managerin hat wenig Sinn für lange Planungen, übertriebene Genauigkeit und Umständlichkeit:

- Natürlich möchte auch sie, dass das Team des Kollegen Hausmann im Internet positiv dargestellt wird – schließlich ist ihr als extravertierte Persönlichkeit die Außenwirkung grundsätzlich wichtig. Sie würde dafür aber eine andere Form wählen als der Teamleiter.

- Neben der inhaltlich-gestalterischen Differenz gibt es aber auch die zwischenmenschliche, d.h., Simone Aichner hat es schwer, an den verschlossenen, peniblen Menschen Hausmann heranzukommen. Dieser begegnet ihr nämlich mit einer gewissen Distanz und Skepsis. Außerdem drückt er sich aus ihrer Sicht extrem kompliziert aus. Sie hat das Gefühl, dass sie sich, wenn sie miteinander kommunizieren, in zwei Welten bewegen und daher ständig aneinander vorbei reden.

- Der Teamleiter hat das Gefühl, nicht gehört bzw. nicht verstanden zu werden. Dinge, auf die er Wert legt, wie Sachlichkeit, eine klare Struktur, Details und Vollständigkeit, werden von Frau Aichner ignoriert. Stattdessen pocht diese auf Einfachheit. Er hat das Gefühl, dass seine Arbeit (und somit auch er selbst) nicht wertgeschätzt wird. Dies rührt auch von der Reaktion der Kollegin auf seine Mail: Etwas „irgendwie hinkriegen" ist Hausmann zu wenig.

> Die Ansprüche des perfektionistisch veranlagten Teamleiters und der sorglosen Marketingmitarbeiterin an das Arbeitsergebnis klaffen ziemlich auseinander. Außerdem braucht Hausmann als Introvertierter etwas Zeit, um Vertrauen aufzubauen und offener zu werden. Sein sprachlicher Ausdruck ist umständlicher und vorsichtiger als die Sprache der gefühlsbetonten Managerin, die das Herz auf der Zunge trägt.

So könnte es besser funktionieren

Herangehensweisen persönlich besprechen

Friedbert Hausmann hätte sicher gut daran getan, nach dem Auftrag der Geschäftsführung in der Marketing-Abteilung anzurufen oder besser: kurz vorbeizuschauen. So hätte er den persönlichen Kontakt zu seiner Ansprechpartnerin geknüpft. Er hätte sich vermutlich viel Mühe gespart und gleichzeitig einen Bonus bei Simone Aichner gesichert.

Diese schätzt es nämlich, wenn man sich persönlich kennt und als Team arbeitet, anstatt anonym Texte hin- und herzuschicken. Bei diesem ersten Kennenlernen hätten dann auch Inhalte und Vorgehensweisen abgestimmt werden können, die für beide Seiten akzeptabel sind. So ist es für Herrn Hausmann wichtig, bestimmte Inhalte und Bilder auch genau so auf der Homepage wiederzufinden, wie er sie vorbereitet hat. Für Frau Aichner ist es dagegen wichtig, dass die Texte nicht überhandnehmen und auch für Nicht-Fachleute verständlich sind. Dass hierfür Änderungen an seinem Vorschlag nötig sind, müsste sie ihrem Kollegen in aller Ruhe erklären. Er sollte nach wie vor das Gefühl behalten, dass *er* der Fachmann ist.

Sich entgegenkommen und unterstützen

Die Marketingmitarbeiterin könnte Hausmann eine klare Textstruktur – in Anlehnung an andere Internetpräsentationen – vorgeben, so dass er genau weiß, wie viel Inhalt er maximal unterbringen kann. Als nächsten Schritt könnte er dann selbst Kürzungen vornehmen.

Damit andererseits Simone Aichners Kreativitäts- und Freiheitsdrang im Rahmen bleiben, könnte Hausmann die Stellen im Text markieren, die auf keinen Fall gestrichen werden dürfen. Um sicherzustellen, dass sein Projekt rechtzeitig abgeschlossen wird, sollte er mit seiner Kollegin klare Termine vereinbaren, bis wann er von ihr Gegenvorschläge und Korrekturen braucht. Er kann sogar so weit gehen – und damit auch eine seiner Stärken nutzen – und einen MiniProjektplan entwickeln, aus dem ersichtlich ist, wer was bis wann zu liefern hat. Von Simone Aichner könnte er sich dann das Einverständnis für die einzelnen Arbeitspakete einholen, so dass er sie auch gegebenenfalls durch einen freundlichen persönlichen Hinweis daran erinnern kann. Auch wenn Frau Aichner als freiheitsliebender Mensch enge Vorgaben ablehnt, würde es ihr helfen, eine klare Vorgehensstruktur vor Augen zu haben. Und das Wir-Gefühl, das bei einer gemeinsam erarbeiteten Strategie entsteht, würde ihre Arbeitsmotivation erhöhen.

Auf einen Blick: Wie Sie sich auf Menschen einstellen

- Konfliktpotenzial besteht immer da, wo Menschen unterschiedlich denken, fühlen, handeln. Durch eine gute Fremdeinschätzung sowie Perspektivenwechsel können Sie andere besser verstehen und deren Handlungen nachvollziehen.

- Widerstand entsteht da, wo Menschen sich ungerecht behandelt, abgewertet und oder Druck gesetzt fühlen. Schaffen Sie Vertrauen und motivieren Sie, indem Sie informieren, Wertschätzung äußern und andere in Entscheidungsprozesse einbinden.

- Veränderung braucht Zeit, Information und Austausch. Bereiten Sie Neues gut vor und begleiten Sie den Prozess mit Geduld und Verständnis.

- So überzeugen Sie Kopfmenschen: Kommen Sie gleich zur Sache, berichten Sie strukturiert und bringen Sie Fakten und logische Argumente vor.

- Als zurückhaltender Mensch verschaffen Sie sich Respekt, indem Sie Klartext reden, sicher auftreten und keine Scheu vor Auseinandersetzungen zeigen.

- Wenn wir bereit sind, dem anderen entgegenzukommen und von seinen Eigenarten zu profitieren, können wir gemeinsam bessere Ergebnisse erzielen.

Ihre Menschenkenntnis beginnt bei Ihnen selbst

Ihren Mitmenschen typgerecht zu begegnen, fällt Ihnen leichter, wenn Sie sich positiv auf sie einstellen.

In diesem Kapitel lesen Sie,

- warum Sie auch sich selbst Aufmerksamkeit schenken sollten,
- was Ihre innere Haltung bewirkt,
- wie Sie empathisch kommunizieren,
- wie Sie Wertschätzung im Umgang mit anderen zeigen können.

Beobachten Sie sich selbst

Sie wissen inzwischen, dass Ihre Wahrnehmungsfähigkeit ein wesentlicher Bestandteil auf Ihrem Weg zu mehr Menschenkenntnis ist. Mit der Wahrnehmung Ihrer eigenen inneren Prozesse kommen Sie noch einen wesentlichen Schritt weiter. Richten Sie Ihre Aufmerksamkeit auf das, was in Ihnen vorgeht und wie Sie sich (anderen gegenüber) verhalten. Fangen Sie an, sich zu beobachten:

- Was tun Sie in bestimmten Situationen?
- Wie sieht Ihr Verhalten aus (im Gegensatz zu dem der anderen)?
- Was denken und empfinden Sie?
- Was drückt Ihre Körpersprache aus?

Viele Prozesse in Ihrem Körper laufen automatisch und unbewusst ab. Um aber verschiedensten Menschen entgegenkommen zu können, müssen Sie sich bewusst werden, wie Sie sich verhalten, z. B. dass Sie eventuell

- anderen öfters ungeduldig ins Wort fallen oder diese
- mit Ihrer Präsenz und Ihren langen Reden erdrücken,
- als zurückhaltender, unterstützender Mensch wieder mal nachgegeben oder
- als überkorrekter, sicherheitsbewusster Mensch einen Entscheidungsprozess durch kritisches Nachfragen hinausgezögert haben.

Installieren Sie einen neutralen Beobachter in sich! Neutral im Sinne von bewertungsfrei. Ihr Beobachter gibt Ihnen einfach Feedback über das, was er wahrnimmt, z.B. eine schnellere Atmung, weil Sie sich gerade vor den Kopf gestoßen fühlen, oder Gedanken wie „Oh je, ist das ein Erbsenzähler!", oder einen Satz wie „Wie oft soll ich Ihnen das denn noch erklären?" Geben Sie Ihrem Beobachter einen Namen, entwickeln Sie ein Symbol oder eine Figur, damit Sie leichter mit ihm in Kontakt treten können.

Durch dieses Feedback wird Ihnen der Spiegel vorgehalten, in dem Sie Ihre eigene Persönlichkeit erkennen. Es zeigt Ihnen auch indirekt, wer die anderen sind, und wo Sie im Umgang mit diesen ansetzen können. So können Sie eine verletzende Aussage relativieren, indem Sie bedenken, dass sie von einem Menschen getroffen wurde, der nun mal recht unsensibel bezüglich der Empfindungen anderer ist. Gegenüber dem „Erbsenzähler" könnten Sie nachsichtiger reagieren, indem Sie anerkennen, dass er durch seine Akribie schon so manchen schwerwiegenden Fehler aufgedeckt hat. Und der Kollege, der in Ihren Augen „etwas schwer von Begriff ist", hat vielleicht wichtige Informationen von Ihnen nicht erhalten oder durch Ihre knappe Art tatsächlich nicht ganz verstanden, was Sie meinen.

> Es sind vor allem unsere Gegenpole, auf die wir allergisch reagieren! Nutzen Sie das Feedback über sich selbst, um über die Wesensart anderer nachzudenken. Sie können dann Verhaltensweisen besser einordnen, und künftig angemessener (re-)agieren. Dies macht Sie selbst gelassener und die Beziehung zu anderen konstruktiver.

Vertrauen Sie Ihrer Intuition

Sie können Ihre Aufmerksamkeit auch gezielt auf Ihre Empfindungen richten. „Ich hab' irgendwie das Gefühl, dass ...",
werden auch Sie schon gesagt haben, ohne dass Sie so richtig
erklären können, woher dieses kommt oder worin es begründet ist. Intuitiv ist ein Gefühl in Bezug auf einen Menschen
oder eine Situation da – und oftmals liegen wir mit dieser
Eingebung gar nicht so verkehrt. Unser Körper nimmt enorm
viele Schwingungen auf und reagiert auf diese. Diese Signale
können wir für unsere Entscheidungsprozesse nutzen.

Manchmal werden Sie auch den Eindruck haben, dass das,
was Sie in einem Gespräch hören, nicht mit Ihren Beobachtungen und Empfindungen übereinstimmt. Allein Mimik und
Stimme Ihres Gesprächspartners lassen Sie erkennen, dass
sein Ja zu einer Handlung eigentlich kein wirkliches Ja ist.
Vertrauen Sie hier Ihrem Gefühl! Was bei Ihnen ankommt, ist
die Körpersprache des anderen, die vermutlich unverfälscht
ist. Ihr Gesprächspartner traut sich nicht – warum auch
immer – Nein zu sagen. Gehen Sie Ihrem Gefühl nach und
hinterfragen Sie nochmals die Motivationslage des anderen.

Nehmen Sie andere also nicht nur mit Ihren Augen und Ohren,
sondern mit Ihrem ganzen empfindsamen Körper wahr, um
möglichst viele Aspekte einer Situation zu erfassen und Ihre
Einschätzung zu optimieren.

Überprüfen Sie Ihre innere Haltung

Eine bestimmte Sicht auf die Dinge, Ihre Einstellung in Bezug auf Ereignisse, Tätigkeiten oder Menschen – all das kennzeichnet unsere innere Haltung. Im Umgang mit anderen Menschen beeinflusst sie in entscheidendem Maße den Verlauf und den Ausgang der Interaktion.

Beispiel: Handeln versus innere Haltung

> Holger hat sich als Kopfmensch vorgenommen, jeden Morgen bei seinen beziehungsorientierten Mitarbeitern vorbeizuschauen, um sie durch diesen Kontakt und die kurze Aufmerksamkeit für den Tag zu motivieren. Gleichzeitig denkt er aber: „So ein Blödsinn. Das kostet mich nur Zeit. Außerdem interessiert es mich eigentlich nicht, was nun schon wieder privat passiert ist. Die sollen lieber arbeiten."

Holgers Verhalten stimmt mit seiner Haltung nicht überein. Seine Mitarbeiter dürften dies spüren und an seiner Körpersprache sowie seinem Tonfall erkennen. Derartige Handlungen sind überflüssig, wenn nicht kontraproduktiv, denn sie werden als manipulative Maßnahmen erkannt.

Verstellen Sie sich nicht

Ohne eine echte veränderte innere Haltung, die zumindest Akzeptanz beinhaltet, wird Ihr persönlichkeitsbezogenes Verhalten an Wirkkraft einbüßen. Sie können nicht so tun, als ob. Wenn Ihr Verhalten nicht ernst gemeint ist, lassen Sie es lieber ganz, denn Sie verlieren sonst an Glaubwürdigkeit und Authentizität. Wichtig im Zusammenhang mit der inneren

Haltung ist auch, was Sie von sich selbst glauben, was Sie sich zutrauen und was Sie erreichen wollen. Ihre innere Haltung steuert Ihr Verhalten und Ihre Wirkung auf andere. Wenn Sie grundsätzlich von sich die Meinung haben, immer den Kürzeren zu ziehen oder nicht redegewandt und uninteressant zu sein, wird es Ihnen kaum gelingen, einen Kunden von Ihrer Dienstleistung zu überzeugen oder bei Ihrem Chef eine Gehaltserhöhung durchzusetzen. Ihre innere Haltung entscheidet also über Erfolg oder Misserfolg. Solange Sie an sich zweifeln, wird das in Ihren Worten und Ihrer Körpersprache zum Ausdruck kommen. Prüfen Sie also Ihre innere Haltung gerade vor schwierigen Situationen!

Wie Sie an Ihrer Einstellung arbeiten können

Die folgende Checkliste hilft Ihnen dabei, sich Ihre innere Haltung bezüglich Ihrer eigenen Person, beteiligter Anderer oder bestimmter Inhalte bewusst zu machen. Die Fragen liefern Ihnen Hinweise, an welchen Aspekten Sie möglicherweise drehen sollten, um Ihre Ziele leichter zu erreichen. Meist hilft es schon, kurz vor der jeweiligen Situation innezuhalten und sich zwei, drei Worte, Sätze und/oder Bilder vor Augen zu führen und diese auf sich wirken zu lassen.

Checkliste: Was ist Ihre innere Haltung?

- Was denken Sie über sich und andere?
- Wie wollen Sie anderen begegnen?
- Welchen Eindruck wollen Sie bei anderen hinterlassen?
- Welches Ziel wollen Sie erreichen?
- Wie stellen Sie sich z. B. den Verlauf eines anstehenden Gesprächs vor?
- Was wollen Sie auf jeden Fall sagen oder machen?
- Wie wollen Sie sich fühlen? Lassen Sie das Gefühl durch entsprechende Bilder / Vorstellungen entstehen.
- Welche negativen Gedanken oder Bilder sollten Sie durch positive ersetzen?

Entwickeln Sie Empathie

Um andere besser zu verstehen, sollten Sie versuchen, sich in diese hineinzuversetzen. Es gilt, die Situation aus der Position des anderen zu betrachten; zu spüren, wie es sich von dort aus anfühlt. Empathie (Einfühlungsvermögen) beginnt beim Zuhören. Sie wird begleitet von Interesse, Aufmerksamkeit, Wertschätzung und Akzeptanz.

Empathisches Handeln heißt, den anderen in den Mittelpunkt zu stellen, ihn *wirklich* zu sehen, Hintergründe für sein Handeln begreifen zu wollen. Das ist viel verlangt und braucht Übung! Allein das eigene Zurücknehmen beim Zuhören, ohne dem anderen ins Wort zu fallen, bedeutet für manche schon eine Höchstleistung. Meist bewerten wir das Handeln des Gegenübers oder geben gut gemeinte Ratschläge. Das alles hat nichts mit Empathie zu tun. Neben dem aufmerksamen Zuhören geht es darum, mehr über die Gedanken, Gefühle oder Beweggründe des anderen zu erfahren. Wie können Sie also Empathie entwickeln?

Leitfaden: So entwickeln Sie Empathie

1. **Hören Sie aktiv zu: Fassen Sie zusammen, was Sie gehört und verstanden haben.** Indem Sie den Kern der Aussagen kurz mit Ihren eigenen Worten wiedergeben, signalisieren Sie, dass Sie verstehen wollen. Sie stellen sicher, dass das Wesentliche auch bei Ihnen ankommt. Ihr Gesprächspartner muss gleichzeitig hinterfragen, ob er seine Aussagen tatsächlich so gemeint hat. Dieser Abgleichungsprozess ist für beide Seiten wertvoll.

2. **Stellen Sie offene Fragen, bei denen Ihr Gesprächspartner aufgefordert ist, nachzudenken.** Die Antworten geben Ihnen Aufschluss über Motive, Handlungsweisen, Entscheidungskriterien oder Bedürfnisse. Je besser also Ihre Frage ist, umso mehr Informationen erhalten Sie.

3. **Spiegeln Sie die Gefühle des anderen, die bei Ihnen ankommen.** Sie können Ihren Eindruck verbal beschreiben oder konkret nach den Gefühlen des anderen fragen.

Jeder Mensch möchte ernst genommen und verstanden werden. Geht man stattdessen über Signale hinweg, entstehen v.
a. bei Gefühlsmenschen Frust, Enttäuschung, Ärger oder Wut.
Empathisches Handeln bedeutet im Übrigen nicht, jedes Gefühl oder jede Argumentation voll und ganz nachvollziehen zu
können. Aber: Sie bemühen sich darum! Wenn Sie Ähnliches
schon selbst erlebt haben oder vom Typ her Ihrem Gesprächspartner näher sind, werden Sie müheloser verstehen. Grundsätzlich sind Sie jedoch ein anderer Mensch und dürfen daher
auch vollkommen anders denken und fühlen.

Beispiele: Empathie im Gespräch

Aktiv zuhören:

Wenn ich Sie richtig verstehe, war es Ihnen wichtig, dass ...

Ihre Auffassung ist demnach ...

Ich höre heraus, dass Sie in der Situation lieber ...

Offene Fragen:

Wie sind Sie vorgegangen?

Was würde Ihrer Meinung nach helfen, um ...?

Wie sind Ihre Gedanken zu diesem Thema?

Gefühle spiegeln:

Es hat Sie also wütend gemacht, dass...

Sie hatten Angst davor, zu ...

Sie fühlen sich benachteiligt gegenüber ...

Nehmen Sie andere ernst. Bewerten Sie nicht gleich deren Aussagen,
Handlungen oder Gefühle, sondern lassen Sie diese gleichwertig neben
Ihren stehen. Mit dem Herzen zuzuhören, hilft dabei.

Wechseln Sie die Perspektive

Die meisten Menschen glauben, dass das, was ihnen gut tut, und das, was sie für richtig halten, auch für andere gelten müsse. Das Eigene wird anderen übergestülpt nach dem Motto: Ich weiß, was jetzt richtig oder gut für dich ist.

Beispiel: Ein gut gemeinter Ratschlag

> Veronika fühlt sich seit einiger Zeit gestresst, weil das Unternehmen, für das sie arbeitet, umstrukturiert wird. Als Mensch, der Stabilität und Vertrauen sucht, machen ihr die Veränderungen und die damit einhergehende Unsicherheit schwer zu schaffen. Ihr Mann Viktor rät ihr Folgendes: „Mach doch mal Sport und lenk' dich ab! Das ewige Grübeln bringt dich nicht weiter. Ich geh doch auch regelmäßig ins Fitness-Studio und treffe nette Leute".

Viktors Rat ist sicherlich lieb gemeint, aber aus der Sicht eines extravertierten, aktiven Menschen formuliert. Da Veronika im Gegensatz zu ihrem Mann introvertiert ist und ihre trüben Gedanken nicht einfach auf dem Stepper tottreten kann, hilft ihr dieser Tipp herzlich wenig. Sie braucht eher unterstützende Gespräche mit guten Freunden, die sie ernst nehmen, oder einen ausgiebigen Spaziergang im Wald, durch den sie innere Ruhe und Zufriedenheit erlangen kann.

Verlassen Sie für kurze Zeit Ihren Standpunkt. Versetzen Sie sich in die Lage und in die Person des anderen, gedanklich und emotional. Mit dem grundsätzlichen Wissen über menschliches Verhalten, den jeweiligen Handlungsanregungen und den individuellen Erfahrungen, die Sie mit diesen Menschen bereits gemacht haben, sollte Ihnen das ganz gut gelingen. Behandeln Sie andere nicht grundsätzlich so, wie Sie selbst behandelt werden wollen! Schlüpfen Sie in die Rolle Ihres Gegenübers und wählen Sie dann ein adäquates Vorgehen. Durch häufigen Perspektivenwechsel lernen Sie auch, die Welt mit anderen Augen zu sehen. Sie entwickeln für Ihr eigenes Leben neue Handlungsalternativen und bereichern Ihren persönlichen Erfahrungsschatz.

Begegnen Sie anderen mit Akzeptanz

Wir können nicht alle Menschen mögen und mit allen immer konstruktiv umgehen. Und wir können und sollen auch nicht alles gut finden, was andere machen. Was wir aber – auch wenn's manchmal schwer fällt – in Bezug auf andere Menschen herstellen können, ist Akzeptanz für das, was ist. Sie wissen inzwischen, wie unterschiedlich Menschen sind. Also heißt ein erster Schritt für einen konstruktiven Umgang: Akzeptieren Sie den anderen so, wie er ist. Oder wollen Sie nicht mit Ihren Ecken und Kanten akzeptiert werden?

Beispiel: Eine verfahrene Situation

Miriam ist eine erfolgreiche Geschäftsfrau. Sie muss öfters auf Kongresse, Vernissagen und Geschäftsessen, um Kundenkontakte zu pflegen oder aufzubauen. Sie mag es, wenn ihr Mann Mirko sie dabei begleitet, zumal sie sich sonst noch seltener sehen würden. Mirko ist Wissenschaftler an der Uni und steht lieber in seinem Labor als bei gesellschaftlichen Ereignissen im Rampenlicht. Miriam und er haben sich schon oft gestritten, weil sie sein ablehnendes Verhalten bezüglich solcher Termine nicht hinnehmen will. Sie übte in der Vergangenheit Druck auf ihn aus und machte deutlich, dass sie seine Art nicht versteht. Miriam erwartete insgeheim, dass Mirko in der Begleiterrolle „funktioniert". Mirko wiederum fühlte sich bevormundet und lehnte es ab, mitzukommen.

Andere Menschen durch Druck und Manipulation zu neuem Verhalten bewegen zu wollen, ist ein weit verbreitetes Phänomen. Wertschätzender, akzeptierender Umgang schafft jedoch die Basis für eine rücksichtsvolle Beziehung, in der beide Seiten profitieren.

Beispiel (Fortsetzung): Die Lösung

Miriam wählt einen neuen Ansatz: Sie akzeptiert die Introversion ihres Mannes (die sie nicht ändern kann) und sagt zu ihm: „Ich weiß ja, dass du solche Veranstaltungen nicht magst und für Kunst nicht viel übrig hast. Das ist in Ordnung. Ich würde mich aber riesig freuen, wenn du dieses Mal mitkommen würdest. Ich kenne den Künstler persönlich und würde ihn dir gerne vorstellen. Er macht wirklich tolle Sachen. Wir können ja um 21:00 Uhr wieder zurück sein, so dass wir noch Zeit für uns haben. Was meinst du? Überleg' es dir einfach und gib mir Bescheid." Mirko spürt: Er ist ok, so wie er ist. Seine Frau sieht und würdigt seine Wesensart. Miriam wünscht sich ihren Mann an ihrer Seite, erklärt ihm, warum es ihr wichtig ist, ihn dabei zu haben. Sie äußert ihre Gefühle. Zusätzlich gibt sie Mirko Zeit zu überlegen, was er tun möchte. Er hat also die Wahl, sich dafür oder dagegen zu entscheiden.

Der Machtkampf bleibt auf diese Weise aus. Es entsteht ein Gleichgewicht in Bezug auf die beiden Menschen. Keiner ist mehr wert, keiner ist besser oder klüger, keine Meinung ist wichtiger. Aus dieser gleichwertigen Position heraus kann

Mirko völlig anders agieren. Er wird jetzt möglicherweise sogar gerne mitkommen, weil er spürt, dass seine Frau Miriam ihn in ihr Leben einbindet und mit ihm gemeinsam diesen Abend erleben möchte. Er nimmt wahr, dass sie Rücksicht auf ihn nimmt. Und er fühlt sich frei in seiner Entscheidung. Miriam besinnt sich auf die Wesensart und die damit verbundenen positiven Eigenschaften ihres Mannes. Sie liebt und schätzt Mirko doch eigentlich wegen seiner ruhigen, besonnenen Art.

> Suchen Sie nach den Stärken und den liebenswerten Eigenheiten eines Menschen. So gelingt es Ihnen leichter, Akzeptanz und Wertschätzung zu zeigen.

Ohne in den Menschen das Positive zu sehen und ihnen zu signalisieren „Du bist ein wertvoller Mensch", wird das Miteinander leiden. Erhebt man sich über den anderen, wird die Beziehung – im Privat- und Berufsleben – gestört sein. Auseinandersetzungen und Fehlleistungen sind die Folge. Nehmen Sie andere Menschen mit ihren Bedürfnissen, Ängsten und Eigenarten ernst! Sie müssen nicht alles gut finden und nicht alles verstehen. Sie sollen auch nichts unterstützen oder verstärken, was Sie ablehnen oder für sozial unverträglich halten. Aber das, was der andere empfindet, braucht oder ablehnt, kommt tief aus seinem Inneren und hat damit seinen Grund. Wenn Sie dies verinnerlichen, sind Sie Ihrer Menschenkenntnis einen großen Schritt näher gekommen.

Auf einen Blick: Beginnen Sie bei sich selbst

- Ihre Selbstbeobachtung lässt Sie nicht nur Ihre eigene Persönlichkeit erkennen, sondern verrät Ihnen auch so manches über Ihre Mitmenschen. Vertrauen Sie auf Ihre Intuition, die Ihnen wertvolle Zusatzinformationen liefern kann.

- Ihre innere Haltung sollte mit Ihrem Verhalten übereinstimmen, da Sie sonst nicht glaubwürdig wirken.

- Begegnen Sie anderen Menschen mit Empathie. Hören Sie aktiv zu, stellen Sie offene Fragen, spiegeln Sie wahrgenommene Gefühle.

- Versuchen Sie, sich in andere hineinzuversetzen. Erst durch einen Perspektivenwechsel können Sie andere besser verstehen und Ihr Verhalten auf diese ausrichten.

- Akzeptanz und Wertschätzung sind wichtige Begleiter, wenn Sie anderen Menschen angemessen begegnen wollen.

Impressum

Bibliografische Information der Deutschen Nationalbibliothek
Die Deutsche Nationalbibliothek verzeichnet diese Publikation in der Deutschen Nationalbibliografie; detaillierte bibliografische Daten sind im Internet über http://www.d-nb.de abrufbar.

Print: ISBN: 978-3-648-02878-0 Bestell-Nr.: 01317-0001
ePub: ISBN: 978-3-648-02879-7 Bestell-Nr.: 01317-0100
ePDF: ISBN: 978-3-648-02880-3 Bestell-Nr.: 01317-0150

Tiziana Bruno, Gregor Adamczyk, Martina Gessner
Menschen einschätzen und überzeugen
1. Auflage 2012,

© 2012, Haufe-Lexware GmbH & Co. KG, Munzinger Straße 9, 79111 Freiburg
Redaktionsanschrift: Fraunhoferstraße 5, 82152 Planegg/München
Telefon: (089) 895 17-0
Telefax: (089) 895 17-290
Internet: www.haufe.de
E-Mail: online@haufe.de
Redaktion: Jürgen Fischer

Lektorat: Sylvia Rein, Nicole Jähnichen
Fotos im Innenteil: Tom Pingel, Stuttgart
Satz: Beltz Bad Langensalza GmbH, 99947 Bad Langensalza
Umschlag: Kienle gestaltet, Stuttgart
Druck: CPI – Ebner & Spiegel, Ulm

Autoren

Tiziana Bruno

ist Schauspielerin, Trainerin und Beraterin. Sie begleitet Unternehmen bei Veränderungsprozessen, trainiert und coacht Mitarbeiter und Führungskräfte zu den Themen Führung, verbale und nonverbale Kommunikation sowie Selbstmarketing. 2008 gründete Sie das Unternehmenstheater Business Class Bühne für Kommunikation. Sie setzt bei Ihren Trainings unter anderem Methoden aus dem Theater ein.
Email: tb@tiziana-bruno.com
www.tiziana-bruno.com

Gregor Adamczyk

ist Theaterregisseur, Drehbuchautor und Trainer. Er hat u.a. am Residenztheater in München inszeniert und für die ARD und den SWR geschrieben. Er realisiert seit 1996 Theaterprojekte für Unternehmen sowie Inszenierungen von Events und Präsentationen. Seit 2008 ist auch er Geschäftsführer von Business Class – Bühne für Kommunikation.

Das Unternehmenstheater „Business Class"entwickelt interaktive Trainings und führt diese durch, es moderiert und gestaltet Großgruppenveranstaltungen für Mitarbeiter und Führungskräfte. Schwerpunkte sind dabei die Bereiche Kommunikation, Führung, Vertrieb und Veränderungsmanagement.

Kontakt:
Email: adamczyk@die-businessclass.de
www.die-businessclass.de

Von Tiziana Bruno und Gregor Adamcyk stammt der erste Teil dieses Buches.

Martina Gessner

ist selbstständige Trainerin, Moderatorin und Coach mit den Schwerpunkten Persönlichkeitsentwicklung, Führungsverhalten und Gesundheitsmanagement (u. a. tätig für die Haufe-Akademie). Als Diplom-Psychologin und Fachheilpraktikerin für Psychotherapie (HPG) arbeitet sie auch in eigener Praxis. Vor ihrer Selbstständigkeit war sie lange Jahre verantwortlich für die Personalentwicklung und Weiterbildung in Unternehmen.

Internet: www.move-and-grow.de

Von Martina Gessner stammt der zweite Teil dieses Buches.

Weitere Literatur

„Emotionale Intelligenz", von Anja von Kanitz, 255 Seiten, EUR 6,90, ISBN 978-3-648-00311-4, Bestell-Nr. 00355

„Machtspiele", von Matthias Nöllke, 232 Seiten, EUR 19,80, ISBN 978-3-448-08053-7, Bestell-Nr. 00088

„Das erste Mal Chef", von Ralph Frenzel, 182 Seiten, mit CD-ROM, EUR 18,95. ISBN 978-3-648-01272-7, Bestell-Nr. 00610

„Manipulationstechniken – so wehren Sie sich", von Andreas Edmüller und Thomas Wilhelm, 349 Seiten, EUR 14,95. ISBN 978-3-648-02637-3, Bestell-Nr. 00261

„Small Talk – nie wieder sprachlos", von Stephan Lermer und Ilonka Kunow, 232 Seiten, EUR 19,80.
ISBN 978-3-648-02344-0, Bestell-Nr. 00803

„Gut sein allein genügt nicht. Wie Sie im Job den Erfolg haben, den Sie verdienen", von Doris Brenner und Frank Brenner, 192 Seiten, EUR 19,80. ISBN 978-3-448-09069-7, Bestell-Nr. 00244

„Gipfelstürmer. Topberater zeigen den Weg zum beruflichen Erfolg", von Thorsten Knobbe, 222 Seiten, EUR 24,90, ISBN 978-3-648-00299-5, Bestell-Nr. 04443